Text von Sally Anne Scott

Die gute ländliche Küche

Fotos von Linda Burgess

KALEIDOSKOP BUCH

Aus dem Englischen übersetzt von
Marta Jacober
Redaktion: Silvia Rehder
Korrektur: Petra Tröger
Herstellung: Dieter Lidl
Einbandgestaltung: Sascha Wuillemet
Satz: Typoservice Urban, München

2. Auflage 1998

Die Originalausgabe mit dem Titel
Recipes for a Perfect Country Weekend wurde erstmals 1991
im Verlag Conran Octopus Limited, London, veröffentlicht

Nach einer Idee von Linda Burgess

Druck und Bindung: ArteGrafica, Verona

Printed in Italy

ISBN 3-88472-385-5

Inhalt

Vorwort

Die Idee zu diesem Buch kam mir an einem düsteren Tag in meiner Londoner Küche. Als Städterin träume ich oft von langen, behaglichen Wochenenden auf dem Land, wo Freunde mich von früh bis spät verwöhnen. An jenem Tag stellte ich mir vor, was mein Wochenende auf dem Land zu einem vollendeten Genuß machen würde. Verlockend kühle Wälder mit blumenübersäten Lichtungen tauchten vor mir auf. Ich sah mich in einem Himmelbett mit weichen, frischduftenden Laken liegen und vom Fenster aus auf einen verwunschenen Garten blicken, in dem überall Rosen blühten.

In meinem Traum stellte ich mir die köstlich duftenden Gerichte vor, die ich am Wochenende genießen würde, mit einem Appetit, wie man ihn nur nach langen Spaziergängen über Felder und Wiesen bekommt. Und mich gelüstete immer mehr nach allen nur denkbaren Speisen, was meine Phantasie für kulinarische Entdeckungen beflügelte. Ich wünschte mir liebevoll zubereitete Mahlzeiten aus herzhaften Suppen, knackig frischem Gemüse, knusprigem Braten, deftigem Hausbrot und frischgepflückten Kräutern und Salaten, die noch ein wenig nach Erde schmecken. Ich träumte von einem Raum, mit Blumen dekoriert und von einem knisternden Kaminfeuer erwärmt, in dem diese köstlichen Gerichte serviert werden. Ich sah mich schließlich vor dem Feuer ausgestreckt und spürte seine wohltuende Wärme. Ich war aller Sorgen enthoben, auf dem Land und von lieben Freunden umgeben.

Diesem Traum haben wir mit unserem Buch Gestalt verliehen. Es war eine große Freude, mit guten Freunden und bei wundervollem Essen für dieses Buch zu fotografieren. Ich hoffe, es ist uns damit gelungen, jedermann zu einem Wochenende auf dem Land einzuladen.

LINDA BURGESS

GRAUTÖNE

Auf dem Land

ZWANGLOSE EINLADUNGEN

Wochenenden auf dem Land brauchte ich früher, um mich vom Streß eines hektischen Lebens in der Stadt zu erholen. Vor fünfzehn Jahren kauften wir ein schönes, aber baufälliges georgianisches Bauernhaus in Somerset. Während das Haus instand gesetzt wurde, begannen unsere Freunde, die erholsame, unbeschwerte Atmosphäre dort zu schätzen. Das Haus bekam seinen endgültigen Namen, als zwei befreundete Designer uns vor zwölf Jahren mit einer prächtigen Lampe für die Vorhalle überraschten, die die Inschrift »Hornblotton Hilton« trug.

In den folgenden Jahren lernten wir die Einheimischen kennen, kosteten ihre Produkte und machten uns mit der Geschichte unseres verschlafenen Weilers in Somerset und seiner Umgebung vertraut.

Wanderungen übers Land gehören jetzt zu meinem Leben und machen mir riesige Freude. Die herrlichen Geschenke der Natur ermöglichen es mir, die Zimmer der Gäste mit Sträußen wilder Blumen zu schmücken oder Heckenfrüchte zu ernten, die ich, zu ungewöhnlichen Konfitüren verarbeitet, zum Tee reiche, oder an einem nebligen Morgen Pilze zu sammeln für ein herzhaftes Frühstück.

Als berufstätige Mutter habe ich der Vorbereitung der Mahlzeiten stets einen besonderen Stellenwert eingeräumt. Auch die Ausgewogenheit der einzelnen Gerichte ist mir wichtig. Stark cholesterinhaltigen Speisen zum Beispiel füge ich viele frische Kräuter bei, und wegen der notwendigen Mineralien ergänze ich eine Mahlzeit mit Meerespflanzen oder biologisch angebautem Gemüse. Auch Abwechslung in den Kocharten kann hilfreich sein. Dämpfen, fritieren, im Ofen backen oder über offenem Feuer grillen - all diese Methoden ergeben eine Vielfalt an Aromen und Strukturen. Die Liebe und Geduld, mit der gekocht wird, zeigt sich im Geschmack und beim Anrichten des Essens. Von lustlosen Köchinnen kommen keine appetitanregenden Mahlzeiten.

Stellen Sie sich mein Entzücken vor, als ich gefragt wurde, ob ich mein geliebtes Heim und meinen Lebensstil in einem Buch darstellen wolle. Text und Rezepte flossen mir leicht aus der Feder. Als ich Linda Burgess kennenlernte, war mir klar, daß ihre Liebe zum Land, ihre Lebensauffassung und ihre großartige Fotografierkunst mir im Innersten entsprachen. Das Vergnügen, das das Schreiben dieses Buches mir bereitet hat, gehört zu meinen bisher schönsten Erfahrungen.

BOOTS SCOTT

KAMELIEN *(vorhergehende Seiten)*

In dem 1597 veröffentlichten *Herbal* (historisches Pflanzenbuch) von John Gerard steht, daß es Francis Bacon war, der gesagt hat, Sprichwörter seien die Philosophie des kleinen Mannes. Sprichwörter erwachsen aus der Kontinuität der Dinge und zeigen eine Entwicklung oder eine Folge von Ursache und Wirkung an. Für die meisten Leute auf dem Land sind Wolkenformen, Windrichtungen, Verhaltensweisen von Insekten und anderen Tieren, die Elemente, die Jahreszeiten und alles, was sie mit sich bringen, Kräfte, die ihr Alltagsleben beeinflussen und zu regeln helfen. Die mächtigen Zeichen der Mutter Natur zu ignorieren kann schwere Folgen haben: Mißernten, Trockenheit und Krankheit verschwören sich gegen Menschen, die diese Signale nicht achten. Wenn Raben ihre Nester hoch in die Bäume bauen, ist ein guter, trockener Sommer ohne Windstürme zu erwarten. Wenn Schwalben frühzeitig aus ihren warmen Winterquartieren heimkehren, heißt das, daß milde Tage bevorstehen. Fast ohne Ausnahme gelten solche Beobachtungen, die in die bäuerlichen Weisheiten eingegangen sind, noch heute.

Es gibt auf dem Land viel zu beobachten und viel zu lernen; wir werden mit dem natürlichen Leben konfrontiert, wenn wir uns mit all unseren Sinnesorganen darauf konzentrieren. Das ist nicht ganz so einfach, wie es klingt, denn es gibt überwältigend viel zu sehen, zu hören, zu riechen und zu lernen. Auch ein kurzer Aufenthalt auf dem Land, ein Wochenende, kann einen tiefen Eindruck hinterlassen. Der Chor der Vögel bei Tagesanbruch, Tiere auf der Weide, Bauernhöfe, Bäche und Flüsse, Wiesen und Wälder regen den Geist an und schenken vor allem Kindern dauerhafte Erinnerungen. Die reine Schönheit einer Landschaft oder der Friede und die Ruhe eines von Zweibeinern verschonten Flecks kann allein schon beruhigend und entspannend wirken.

Einladung zum Wandern
Ein eingetretener Pfad lädt unwiderstehlich zu einem Spaziergang ein.

WILLKOMMENSZEICHEN UND GESCHENKE

Kleine Dinge, die der Gastgeber von Herzen gibt, machen viel Freude. Die meisten kleinen Geschenke lassen sich nebenbei und ohne viel Mühe herstellen. Oft kosten sie nichts, da viele Zutaten aus Hecken, Gärten und Wäldern stammen. Ein selbstgepflücktes Sträußchen anstelle kunstvoller Blumenarrangements oder ein Körbchen mit Früchten der Jahreszeit im Schlafzimmer, dazu ein Glas mit Zitronen- und Limonenschnitzen und eine Flasche Mineralwasser geben dem ankommenden Gast den Eindruck, willkommen zu sein. Die meisten Menschen lassen sich gerne verwöhnen, und das läßt sich ohne große Mühe bewerkstelligen. Beim Waschen der Laken zum Beispiel kann man dem letzten Spülwasser Lavendel- oder Rosenwasser beigeben. Kräuterkissen sind schnell gemacht und verhelfen zu entspanntem Schlaf. Wenn im Hochsommer die Kräuter in voller Blüte stehen und das Wetter heiß und trocken ist, ermuntern Sie Ihre Gäste, selbst Kräuter zu pflücken und daraus Kissen zu machen, die sie mit nach Hause nehmen können.

Kräuterkissen

Buntbedruckter Stoff
Maße ca. 25 x 12,5 cm
Etwa 2 gehäufte EL getrocknete Kräuter (Lavendel, Thymian, Rosmarin oder eine Mischung)
Gummiband
Zierband
Duftessenzen

Den Stoff einmal falten, so daß ein Quadrat entsteht. Zwei Seiten des Quadrats zusammennähen und eine offenlassen. Das Kissen mit getrockneten Kräutern füllen. Mit einem Gummiband zubinden und dieses unter einem Zierband verstecken. Die Kissen duften stärker, wenn ein paar Tropfen Essenz zu den Kräutern gegeben werden.

Vor allem Kinder lieben es, kleine Sachen zu basteln, die sie an den Ort erinnern, wo sie zu Besuch waren. Potpourris mit frischen Blütenblättern und Kräutern anzufertigen macht ihnen großen Spaß.

Potpourri

Blüten oder Kräuter für ein Potpourri stets am Vormittag eines sonnigen, trockenen Tages pflücken, wenn sich die Blüten voll geöffnet haben.

Frische Blütenblätter oder Kräuter
Musselin oder dünnes Leinen
Gemahlene Veilchenwurzel
Gutes Talkum oder Duftessenz

Grüne Stiele und den weißen Ansatz der Blütenblätter entfernen. Die Blüten oder Kräuter auf dem Stoff ausbreiten und darauf achten, daß sie einander nicht berühren. In einem luftigen - aber nicht zugigen - Raum, vor direktem Sonnenlicht geschützt, den Stoff zwischen zwei Stühlen oder dergleichen aufspannen. Nach mehreren Tagen, wenn die Blütenblätter oder Zweige sich trocken anfühlen, in gut verschließbare Gläser füllen. Wenn man eine Schale mit Potpourri macht, zuerst etwas gemahlene Veilchenwurzel hineinstreuen, starkes, gutes Talkum oder einige Tropfen Duftessenz dazugeben, um den Duft länger zu konservieren. Die Blütenblätter immer wieder wenden, damit ihr Duft sich entfalten kann, und wenn nötig ergänzen. (Es empfiehlt sich, Potpourrischalen nachts und bei längerer Abwesenheit zuzudecken, damit sie ihren Duft behalten und nicht verstauben.)

ROSEN-POTPOURRI
Frische Blüten intensivieren den Duft einer Potpourrischale.

Als Erinnerung an einen Besuch auf dem Land oder ein ländliches Fest kann man seinen Gästen kleine Gläser mit Marmelade, Gelee oder Eingemachtem überreichen. Wenn man ohnehin dabei ist, eine Menge einzukochen, macht es keine Mühe, ein paar Gläser extra abzufüllen. Ein Stück Band ums Glas oder ein hübsches Tüchlein darüber machen immer Freude. In jeder Jahreszeit lassen sich die verschiedensten Geschenke herstellen. Essig mit Blütenblättern oder mit Kräutern, Kräuteröl, Sträußchen aus getrockneten Blumen, selbstgemachte Pralinen, Liköre aus Heckenfrüchten und Nußkränze als Weihnachtsdekorationen sind nur ein paar der Möglichkeiten. Mit Phantasie angefertigt und verpackt, lassen sich diese einfachen und billigen Sachen in kleine Kostbarkeiten verwandeln.

Blütenblätter-Essig

Blütenblätter von Rosen, Veilchen,
Kapuzinerkresse oder Holunder
Weißweinessig oder Cidre-Essig

Den weißen Blattansatz und alle grünen Stiele von den Blütenblättern entfernen, um sie nicht zu verletzen, am besten mit einer Schere (kleine Nagelscheren eignen sich besonders gut). Blütenblätter in eine keimfreie Flasche oder ein Glas legen und den Essig dazugießen. Weißweinessig für pastellfarbene Blütenblätter und Cidre-Essig für kräftigere Farben verwenden. Vier Wochen ziehen lassen, am besten auf einem sonnigen Fenstersims.

Laub kann das ganze Jahr über zum Garnieren aller möglichen Gerichte verwendet werden. Und Blüten, Blütenblätter, Laub und sogar Federn erzielen hübsche Effekte. Zum Beispiel sieht Weinlaub unter Käse sehr reizvoll aus, oder Roßkastanienblätter mit den Kastanien schaffen eine herbstliche Atmosphäre zu Gerichten, die kalte Hände und Füße wärmen. Silbriges Fingerkraut, ein bezauberndes wildwachsendes, dunkelgrünes Kraut mit Silberschein, ist eßbar und eine willkommene Abwechslung zu Petersilie. Blütenköpfe, die in einer Glasschale schwimmen, sind ein interessantes Gesprächsthema und lassen sich leicht ersetzen, wenn sie zu welken beginnen.

Man kann bei der Anfertigung von Blumenarrangements seiner Phantasie freien Lauf lassen und fast alles verwenden, was gerade zur Hand ist. Dekorationen mit Rindenstücken, leeren Schneckenhäusern und getrockneten Wildpilzen (wenn man sie nicht lieber gleich aufißt) sind weitere Möglichkeiten. Kleine Gartenkürbisse, zwischen denen sich herbstliche Weinranken schlängeln, Japonica-Quitten, Mispeln und glänzendrote Äpfel ergeben einen farbenfrohen Tischschmuck. Grüne Walnüsse, Haselnüsse oder ungeschälte Maiskolben dazu – fertig ist ein wunderschönes, originelles Dekorationsstück. Flechten und Moose auf einem Spaziergang zu sammeln macht Spaß (man sollte sich aber vorher informieren, welche Arten geschützt sind), und noch mehr Spaß macht es, daraus eine lang haltbare Dekoration zu schaffen, die an diesen Spaziergang erinnert.

Kräuteressig

500 ml Essig (mild für milde Kräuter,
stark für würzigere),
50 g Knoblauch, zerdrückt
Etwa 2 EL blühende Kräuter,
leicht gequetscht

Essig bis kurz vor dem Siedepunkt erhitzen. Knoblauch und Kräuter in ein hitzebeständiges, verschließbares Gefäß legen. Essig über Knoblauch und Kräuter gießen, etwas abkühlen lassen, das noch warme Gefäß verschließen. Drei Wochen ziehen lassen, dabei zweimal wöchentlich schütteln oder umdrehen. Zum Schluß die Kräuter entfernen und ein paar frische Kräuterzweige hineingeben. Kühl und trocken aufbewahren.

KRÄUTERESSIG *(rechte Seite oben)*
Mit frischen Kräutern gewürzter Essig ist vielseitig verwendbar: um Saucen einen besonderen Geschmack zu verleihen, in Vinaigrette oder in Fischsud.

UNTERNEHMUNGEN AM WOCHENENDE

Sorgen Sie nach Möglichkeit dafür, daß geeinete Literatur vorhanden ist, zum Beispiel Führer über die Sehenswürdigkeiten der Umgebung und mit den Öffnungszeiten für Museen oder Ausstellungen. Auch die Lokalzeitung vermittelt viel Wissenswertes über Sportereignisse, Dorffeste und Märkte - alle sehr beliebt bei Gästen. Dort trifft man viele interessante Gestalten, hört alle möglichen Dialekte, und es wird für jeden etwas geboten. Manche Städter mögen die seltsame Stille auf dem Land nicht sehr, und sie fühlen sich wohler, wenn sie sich unter eine bunte Menschenmenge mischen können. Auf Märkten stürzen sie sich häufig auf die Stände mit den hausgemachten Produkten, im sicheren Glauben, hausgemachte und ländliche Erzeugnisse überträfen die im Supermarkt erhältlichen bei weitem. Für Gäste, die Frieden und Einsamkeit suchen, mag ein Spaziergang zur Dorfkirche oder zu einem besonders schönen Landschaftsflecken angezeigt sein. Bei der Besichtigung der Dorfkirche kann man versuchen, alte Inschriften zu entziffern, und auf dem meist nebenanliegenden Friedhof geben die Grabsteine oft Aufschluß über die Familiengeschichte von Dorfbewohnern. An heißen Sommertagen herrscht in steinernen Kirchen eine wohltuende Kühle und Ruhe, in der man einfach seinen Gedanken nachgehen kann. Feldstecher machen Kindern oft enorme Freude, und natürlich begeistert ein Teleskop, mit dem man den gestirnten Himmel erforschen kann. Das Interesse für Vögel und Sterne wird dadurch oft schon in frühen Jahren geweckt.

Empfehlen Sie Ihren Gästen, jahreszeitgerechte Kleidung mitzubringen und sich für jede Witterung zu wappnen. Selten gibt es Gastgeber, die jedem Gast mit kompletter Regenausrüstung jeder Form und Größe aushelfen

können. Und das Fehlen dieser wichtigen Ausrüstung kann bedeuten, daß man wegen des Regens auf irgendeinen Ausflug oder eine Unternehmung verzichten muß. Auf dem Land im Regen zu marschieren oder Dinge anzusehen ist nicht dasselbe wie in der Stadt. Es ist wohltuend, den erfrischenden Regen auf Haut und Haar zu spüren. Vor allem Kinder lieben es, durch schlammige Pfützen zu waten und vom Guß aus schwarzen Wolken, die zum Greifen nah scheinen, durchnäßt zu werden, um sich dann in der prikkelnden Wärme eines offenen Holzfeuers zu trocknen. Ermuntern Sie sie zu solchen Erlebnissen – sie werden ihnen nicht häufig widerfahren.

Die Natur birgt viele Freuden für Kinder. Lassen Sie sie winzige tote Käfer in eine Zündholzschachtel legen, damit sie diese zu Hause ihren Kameraden zeigen können. Es ist interessant und lehrreich für Kinder, auf natürliche Weise zu Tode gekommene Holzläuse, Schmetterlinge, Libellen, Spinnen und Bienen von nahem betrachten zu können.

Ein wirklich spannendes Unternehmen, das sich leicht für Kinder und Erwachsene organisieren läßt – wenn auch vielleicht nicht in ein und derselben Gruppe –, ist die Sternguckerei. An einem frischen Herbst- oder Winterabend, wenn die Luft klar ist und die Sterne nah scheinen, legen Sie Plastikfolien auf den Boden und wickeln sich warm in Wolldecken oder sogar Schlafsäcke. Der Zauber, der davon ausgeht, flach auf dem Rücken zu liegen und in die Unendlichkeit zu schauen, den Großen Bären und die Zwillinge und andere bekannte Sternbilder zu erkennen, ist mir aus Kindheitserinnerungen immer noch gegenwärtig.

Glühwürmchen suchen in einer warmen Sommernacht ist ein Unterfangen, für das sich alt und jung begeistern läßt. Widerstehen Sie der Versuchung, Glühwürmchen in einem Glas zu sammeln – es sind seltene Geschöpfe, Lebewesen, die in Ruhe gelassen werden sollten, nicht zuletzt, um sich vermehren zu können. Ob solche Unternehmungen vor oder nach dem Essen ausgeführt werden, sie ergeben Gesprächsstoff für den Abend, und Kinder werden noch jahrelang davon sprechen.

EIN EINFACHER WILLKOMMENSGRUSS
Durch kleine Aufmerksamkeiten, wie frisches Obst, Blumen oder Zweige im Schlafzimmer, fühlt sich ein Gast besonders wohl und willkommen.

SICH ZU HAUSE FÜHLEN

Die meisten Gäste fühlen sich unbehaglich, wenn die Gastgeber dauernd herumhantieren. Wenn man das Wochenend-Menü gut vorbereitet, die Unternehmungen plant und im voraus bäckt, läßt sich dieses Unbehagen auf ein Minimum reduzieren. Man muß aber trotzdem flexibel sein bei der Planung, damit alle sich wohl fühlen. Gäste sollten nicht den Eindruck haben, sie müßten sich streng an den Zeitplan der Gastgeber halten.

Es gibt auch Gäste, die gern helfen möchten. Man läßt sie den Tisch decken, die Geschirrspülmaschine einräumen oder abwaschen, wenn sie sich dafür anbieten. Gastgeber, die am liebsten alles selber machen, sollten sich vergewissern, daß ihre Gäste anderweitig beschäftigt sind. Wenn sie mit einem Aperitif in der Hand den Garten durchstreifen, bleibt Zeit, den Tisch schön zu decken. Oder man bittet sie, ein paar Blumen zu pflücken oder Kerzen anzuzünden und die Dochte zu beschneiden. Wenn Gäste, von den verführerischen Düften angelockt, in die Küche eindringen, lenkt man sie am besten mit kleinen Aufgaben außerhalb ab. Es kann sehr frustrierend sein, um Gäste herumgehen zu müssen, die überall im Weg stehen oder mit Vorliebe die Türen versperren. Die Gäste aber zu bitten, aus der Küche zu verschwinden, ist auch nicht ganz einfach, denn man beendet damit oft ein gemütliches Plaudern und ein aufkommendes Gefühl der Behaglichkeit. Kleine Unternehmungen und Aufgaben, die man den Gästen vor den Mahlzeiten vorschlägt, machen es möglich, sich zu diesen wichtigen Zeiten Raum zu schaffen.

Alte Landhäuser haben oft ärgerliche Eigenheiten. Bodenbretter knarren unterm Bett; die Toilettenspülung hört sich an wie eine Überschwemmung; die vorletzte Stufe quietscht, wenn man nachts leise die Treppe hinuntergeht. Es kann durchaus amüsant sein, in den Schlafzimmern Listen auszulegen, auf denen alle Schrecknisse aufgezählt sind, die einem Gast begegnen, der sich nachts etwas aus dem Kühlschrank holen will oder der nicht schlafen kann und ein bißchen herumgehen möchte. Es ist furchtbar peinlich, wenn man gehört wird, wie man durchs Haus schleicht, oder wenn man alle Hausbewohner weckt, weil man frühmorgens die Toilettenspülung betätigt. Wenn die Gäste die verschiedenen Fallen kennen, die auf sie lauern, bleiben ihnen solche Verlegenheiten erspart. Schließlich soll ein Wochenende auf dem Land sowohl Gastgebern wie Gästen Freude und Entspannung schenken.

Frühling

NEUE GEFILDE

Die Frühjahrs-Tagundnachtgleiche leitet die Zeit von Blüte und Vogelsang, von Schlüsselblumen und Krokussen, Löwenzahn und Osterglocken ein. Die Erinnerung an den grauen Winter verblaßt schnell beim Einatmen des frischen Frühlingswindes, der schon den Sommer ankündigt, und beim Beobachten der Geschäftigkeit von kleinen Tieren und von Vögeln, die den Nestbau und die Paarung vorbereiten. Am Boden und in den Hecken wird mit Eifer alles mögliche Nistmaterial gesammelt. Moos und Stroh, Stöckchen und Schlamm, welke Blätter und Federn werden für unglaublich kunstvolle Bauten verwendet – wie das Krähennest, das schöne weiche Daunenbett der Blaumeise oder den gemauerten Bau der Schwalbe. Alle werden mit erstaunlicher Energie geschaffen und immer wieder verbessert, bis sie vollkommen sind.

NEUBEGINN *(oben)*
BLÜTENTEPPICH *(vorhergehende Seiten)*

Tiere erwachen aus dem Winterschlaf und rühren sich in ihren geschützten Quartieren. Die milde Frühlingsluft lockt sie aus ihren Verstecken, wo sie in den kalten Monaten geborgen waren. Ihr Instinkt und der Hunger treiben sie jetzt an, und Wald und Feld werden wieder belebt von schläfrigen Geschöpfen auf Nahrungssuche.

Schneeglöckchen und Veilchen, Primeln und Traubenhyazinthen weben in sanften Farben Muster in Böschungen und Wälder. Zartgrüne Schößlinge und Blätter befreien sich aus ihren Schutzhüllen und verändern allmählich die Landschaft.

Im April kommen die Schwalben aus Afrika zurück und erfreuen uns mit ihren Höhen- und Sturzflügen und ihrer unglaublichen Flugkunst. Frösche, Molche und Kröten wachsen im stehenden Wasser der Teiche und Gräben heran. Zeigen Sie Ihren Gästen diese Frühlingsboten der Natur. Das Frühlingsgrün ist so neu, daß man die Spuren von Tieren noch erkennen kann. Erstes Gebot muß aber bei jedem Spaziergang bleiben, die Gatter, die man geöffnet hat, hinter sich wieder zu schließen. Lassen Sie niemals Abfall liegen, Tiere könnten daran ersticken. Und pflücken Sie keine geschützten Pflanzen!

Wenn das Frühjahrsputzfieber ausbricht, läßt sich folgender Trick anwenden: Man taucht eine gewöhnliche Vogelfeder in Terpentin und streicht damit die Zimmerecken aus. Insekten und vor allem Spinnen werden dann ihre Eier anderswo legen.

Kindern macht es Spaß, Collagen aus Eierschalen anzufertigen oder Frühlingsblumen auf hartgekochte Eier zu kleben und sie anschließend zu lackieren. Natürliche Farben lassen sich herstellen, indem man Gemüse und andere Pflanzen in Wasser kocht, bis eine bestimmte Farbe erreicht ist. Dann gießt man die Flüssigkeit durch ein Sieb und legt die Eier hinein. Man kann Zwiebelhäute verwenden oder Heidekraut; mit Stechginster und Stroh erzeugt man Gelb, mit Tannenzapfen und Holunderrinde Schwarzbraun und mit Birkenrinde ein dunkles Rot.

Aus Löwenzahn kann man Wein herstellen. Die zarten, leider immer noch seltenen Schlüsselblumen dagegen sollte man unbedingt stehenlassen. Klebrige Knospen sehen schön aus in Blumensträußen, und hellgrünes Moos zusammen mit silbergrauen Flechten (natürlich keine artgeschützten verwenden) ergibt wundervolle Tischdekorationen. Sonnengelb leuchtet ein Arrangement aus Blüten von Stech-, Besenginster und Holzapfel. Der Kaminsims nimmt sich, mit Schlehdornblüten geschmückt, prächtig aus – aber Vorsicht beim Pflücken, denn die Dornen sind groß und scharf; man sollte stets mit einer Baumschere arbeiten. Hat man sich aber einen Dorn eingezogen, hilft eine Paste aus ein wenig Wasser und Natron. Man streicht sie dick um den ganzen Finger und verbindet ihn mit Leinen oder Mull. Nach einer Weile badet man den Finger in warmem Wasser und entfernt den Dorn mit einer sterilisierten Pinzette.

Blütenblätter-Eiswürfel sehen in Getränken sehr reizvoll aus, und Blütenblätter- oder Kräuteressig (S. 14) ergeben herrliche Salatsaucen und eignen sich auch gut zum Verschenken.

Blütenblätter-Eiswürfel

Eine originelle Idee, Drinks auf besondere Weise zu verzieren

Ein Blütenblatt in jedes Fach der Eiswürfelform legen, ehe das Wasser gefroren ist. Rosenblätter eignen sich besonders gut dafür. Sehr schöne Frühlingsblumen für diesen Zweck sind auch Borretsch mit seinen himmelblauen Blüten, Beinwell, kleine Stiefmütterchen, Kirsch-, Apfel- und Birnenblüten, Primeln und Veilchen.

Am Strand gesammelter Perltang wird gründlich gewaschen, um Muschelschalenreste zu entfernen, und dann getrocknet, damit er in den kommenden Monaten einen Geschmack nach Meer vermittelt. Ich bin überzeugt, daß solches Meeresgemüse für uns zu einer wichtigen Nahrungsquelle wird; wir müssen uns nur an den würzigen Geschmack erst gewöhnen. Rote Algen sind ein weiteres Meeresgemüse, das man auch kaufen kann. Wenn man sie frisch vom Strand hat, röstet man sie bei mäßiger Hitze im Ofen, bis sie knochentrocken und krümelig sind. Anschließend legt man sie entweder in einen Beutel und zerdrückt sie mit einem Nudelholz oder verarbeitet sie in einem Mörser zu feinem Pulver. In einem Schraubglas – nicht in Plastikbehältern – aufbewahren und als Würze für Suppen und Salate verwenden. Auch Meerfenchel ist ein klassisches Meeresgemüse, das gute Fischhändler führen, wenn dafür Saison ist (s. S. 63). Ein delikates Gemüse ergeben außerdem zarte junge Malvenblätter, wenn sie kurz in Öl gebacken werden.

Wer das Glück hat, einen Platz zu entdecken, wo Morcheln wachsen, sammelt und trocknet die Pilze zum späteren Verzehr, vielleicht für einen besonderen Anlaß außerhalb der Saison. Diese wundervoll schmeckenden Pilze sind getrocknet oder frisch eine wahre Köstlichkeit. Sie wachsen hauptsächlich auf sandigem Boden (oft über Kalk). Einen Morchelplatz hütet man wie seinen Augapfel. Morcheln wachsen nur im März und April und sind deshalb schwer erhältlich. Ehe man sie sammelt und trocknet, sollte man ihnen aber die Möglichkeit geben, groß zu werden, denn sie schrumpfen stark ein.

Morcheln trocknen

Morcheln
Küchenkrepp
Stopfnadel und Zwirn

Morcheln sind dafür bekannt, daß sie winzigen Lebewesen Obdach gewähren. Man muß sie deshalb erst einmal gründlich schütteln, dann senkrecht halbieren, waschen und trockentupfen.

Eine Stopfnadel mit großem Öhr nehmen und den Zwirn einfädeln. Eine Morchel nach der anderen in etwa 10 cm Abstand aufreihen, dabei durch den fleischigsten Teil stechen. An einem warmen, trockenen Ort in der Küche aufhängen. Nach etwa drei Tagen sollten sie dürr sein. Vom Faden herunternehmen, in ein trockenes, keimfreies Glas geben und gut verschließen. Wenn sie zum Kochen gebraucht werden, legt man sie einfach 40 Minuten vor ihrer Verwendung in Wasser ein (das Einweichwasser kann für Brühen und Suppen verwendet werden).

FRÜHES MORGENLICHT
Zartgefiederte Papagei-Tulpen im ersten Sonnenstrahl

Menüs für den Frühling

FRÜHSTÜCK

Müslibrot (S. 24)
Sevilla-Marmelade mit großen Fruchtstücken (S. 24)
Pochierter Schellfisch auf Muffins (S. 36 und 26)
Pikante Lammnieren (S. 41)

LEICHTES MITTAGESSEN

Topinambur-Suppe (S. 32)
Gefüllte Fleischröllchen (S. 40)
Nudeln mit Primelblättern (S. 33)

MITTAGESSEN

Teneriffa-Kartoffeln mit Kräutersauce (S. 33)
Meeresfrüchte-Suppe (S. 36)
Tangerineneis (S. 31)

ZUM TEE

Zartes Teegebäck (S. 24)
Schnell zubereiteter Orangen-Zitronen-Kuchen (S. 29)
Schokoladenkuchen mit Karamelschichten (S. 26)

LEICHTES ABENDESSEN

Pochierte Eier auf Sauerampfer (S. 28)
oder
Blüten-Crêpes (S. 28)
Lammfilet mit Zitronenthymian (S. 40)
Lauch-Vinaigrette (S. 34)
Knackiger Kohl mit Kreuzkümmel (S. 32)

ABENDESSEN

Jakobsmuscheln mit Limonensauce (S. 39)
Huhn mit Kokosnuß und Zitrone (S. 43)
Mandelbroccoli (S. 32)
Igelkartoffeln (S. 33)
Sorbet aus Rhabarber und Ahornsirup (S. 29)
Katzenzungen (S. 29)

VORBEREITUNG

Müsli-Brot

MIT NÜSSEN UND APFEL

Ergibt einen Laib von 900 g
Zubereitungszeit: 30 Minuten
(1 Stunde im voraus)
Backzeit: 45 - 55 Minuten,
plus Zeit zum Abkühlen

350 g steingemahlenes Vollkornmehl
85 g Haferflocken
1 EL Sultaninen
(wenn möglich ungeschwefelt)
½ EL Nüsse, feingehackt
1 EL Apfel, frisch gerieben
30 g Butter
15 g Frischhefe oder 8 g Trockenhefe
1 TL Salz
300 ml Wasser, lauwarm
1 großer EL Honig

In einer großen Schüssel Mehl und Salz mit Haferflocken, Sultaninen, Nüssen und Apfel mischen. Butter in Flöckchen dazugeben, gut vermengen. Die Hefe in eine kleine Schüssel geben und gut mit dem leicht angewärmten Honig vermischen, dann die Hälfte des Wassers dazugießen. Vorsichtig umrühren und an einem warmen Ort in der Küche stehenlassen, bis die Mischung Blasen wirft.

Die Hefemischung mit der Mehlmischung zusammengeben, dann das restliche Wasser dazugießen. Schlagen, bis der Teig weich, aber nicht klebrig ist.

Den Teig auf eine kühle, bemehlte Fläche legen, mit einem angefeuchteten Stück Leinen oder Baumwolle bedekken und etwa acht Minuten ruhen lassen.

Den Teig sorgfältig durchkneten und in eine gefettete Kuchenform drücken. Zwei etwa 1 cm tiefe Kreuze hineinschneiden. Mit Butterbrotpapier bedekken und aufgehen lassen, bis der Rand erreicht ist. Den Ofen auf 200 °C (Gasherd Stufe 3 - 4) vorwärmen und das Brot 45 - 55 Minuten backen. Aus dem Ofen nehmen, stürzen und auf einem Rost erkalten lassen.

Zartes Teegebäck

Dieses herrliche Teegebäck, auch *drop scones* genannt, schmeckt wunderbar mit einem Aufstrich aus Malzextrakt, den man in Reformhäusern kaufen kann. Dieser nach alten Rezepten zubereitete Extrakt ist sehr nahrhaft und enthält natürlichen Süßstoff, der sich beim Mälzen von gekeimter Gerste ergibt.

Ergibt 15 - 18 scones
Zubereitungszeit: 15 Minuten
Backzeit: 4 - 6 Minuten pro Pfanne

115 g Mehl
1 gestrichener TL Backpulver
1 Prise Salz
1 TL extrafeiner Zucker
1 Ei, leicht geschlagen
150 ml Milch
Malzextrakt zum Servieren
(nach Belieben)

Eine große Bratpfanne mit dickem Boden auf mäßiger Hitze warm werden lassen. Unterdessen Mehl, mit Backpulver und Salz vermischt, in eine Schüssel sieben und Zucker dazurühren. In der Mitte eine Vertiefung machen und das Ei hineingeben.

Nach und nach die Milch zugießen, dabei das Mehl von den Rändern her mit einem Löffel hineinarbeiten, bis ein glatter Teig entstanden ist.

Die Hitze erhöhen und die Bratpfanne mit etwas Butter oder Margarine ausstreichen. Die Masse in kleinen Häufchen in die Pfanne gießen, so daß sie gut Platz haben.

Sobald die *scones* Blasen werfen und dampfen und auf der unteren Seite goldbraun sind - etwa nach 2 - 3 Minuten -, mit einem Pfannenheber umdrehen und sie auf der anderen Seite bräunen.

Den übrigen Teig in der gleichen Weise ausbacken. Die fertigen *scones* zwischen sauberen Tüchern warm halten. Sobald alle fertig sind, servieren, eventuell bestrichen mit Malzextrakt oder mit Butter, Sahne, Konfitüre oder ähnlichem.

Sevilla-Marmelade mit großen Fruchtstücken

Ich schneide die Orangen stets ziemlich grob, damit die Marmelade noch köstliche Fruchtstückchen enthält.

Ergibt 3,5 kg
Zubereitungszeit: 50 Minuten
Garzeit: etwa 1½ Stunden,
plus Zeit zum Abkühlen

1,5 kg Sevilla-Orangen
1,5 kg Einmachzucker
Saft von 2 Zitronen
3 l Wasser

Unbehandelte biologische Orangen verwenden oder das Wachs in warmem Seifenwasser abbürsten. Gut spülen und gründlich trocknen lassen.

Mit einem Kartoffelschäler oder scharfen schmalen Messer die äußerste Schalenschicht von der Spitze der Früchte an abschälen, alles bittere

Weiße zurücklassen. Die Schale mit der Schere in ½ cm breite Streifen schneiden. Die weiße Haut ganz abschälen und aufheben. Die Orangen halbieren, den Saft leicht ausdrücken und beiseite stellen, die Kerne entfernen und zusammen mit dem Weißen in ein Musselinsäckchen (auch ein zerschnittener alter Kissenbezug eignet sich) geben und dieses fest zubinden.

Das Orangenfleisch in grobe Stücke schneiden und in einen Einmachtopf geben, zusammen mit der gehackten Schale und mit dem Säckchen, das das Weiße und die Kerne enthält. Orangen- und Zitronensaft und Wasser dazugießen. Die Masse zum Sieden kommen lassen und etwa 1 Stunde unbedeckt köcheln, bis die Schale weich und der Inhalt des Topfs etwa auf die Hälfte reduziert ist.

Den Musselinbeutel entfernen und den Zucker in die Masse geben und rühren, bis er völlig aufgelöst ist. Die Hitze erhöhen und die Masse unter Rühren lebhaft kochen lassen, bis sie fest zu werden beginnt (ein Einmachthermometer zeigt diesen Punkt bei 110 °C an. Man kann sich auch vergewissern, indem man einen Teelöffel der

Sevilla-Marmelade

Masse in eine kalte Untertasse gibt. Der Gelierpunkt ist erreicht, wenn sich die Haut beim Berühren runzelt). Die Haut sofort abschöpfen und die Marmelade leicht abkühlen lassen.

Wenn nötig nochmals rühren, um die Schalenstückchen gleichmäßig zu verteilen, dann in heiße, trockene Einmachgläser gießen und mit kreisrunden Stücken Butterbrotpapier bedecken, mit der gewachsten Seite nach unten. Mit einem Metalldeckel oder mit Plastikfolie und Gummiband verschließen.

Muffins

Ergibt 18 Stück
Zubereitungszeit: 15 Minuten
Backzeit: 20 Minuten

300 ml Milch
1 EL reiner Honig
1 EL Melasse
1 TL Natron
115 g ungebleichtes Mehl
115 g Vollkornmehl
225 g Gerstenmehl
1 TL Backpulver
50 g Sultaninen (nach Belieben)
1/2 TL Salz
115 g Rohzucker (Farinzucker)
30 g Butter

Den Backofen auf 200 °C (Gasofen Stufe 3 - 4) vorwärmen und 18 Pastetenförmchen mit etwas Butter ausstreichen.

Die Milch in einen Topf geben, Honig und Melasse hinzufügen und auf schwacher Hitze rühren, bis beides aufgelöst ist. Natron hineinstreuen und gut verrühren.

Die Mehlsorten, Backpulver, nach Belieben Sultaninen, Salz und Zucker in eine große Schüssel geben. Dann die Butter, in Flöckchen zerteilt, hineinkneten.

Nach und nach die warme Milch in den Teig gießen und fest schlagen, bis er glatt ist.

Den Teig in die vorbereiteten Förmchen löffeln und 20 Minuten - oder bis er aufgeht und fest wird - backen.

Die fertigen Muffins aus den Förmchen nehmen und auf einen Drahtrost stellen. Bis zum Verzehr unter einem sauberen Tuch warm halten. Man kann die Muffins auch in einem luftdichten Gefäß oder tiefgefroren aufbewahren.

Schokoladenkuchen

MIT KARAMELSCHICHTEN

Die reichlichen Karamelschichten machen diesen Kuchen zu einem besonderen Genuß. Wenn mehr Kuchen und weniger Karamelmasse gewünscht wird, bäckt man die doppelte Menge Kuchen für dieselbe Menge Füllung, so daß man zwei 20 cm lange Kuchen erhält. Man schneidet sie horizontal in der Mitte auseinander, streicht Karamelmasse dazwischen und obenauf und legt die Kuchenscheiben wieder aufeinander.

Für 8 - 10 Personen
Zubereitungszeit: 15 Minuten
Backzeit: etwa 30 Minuten, plus Zeit zum Abkühlen und Dekorieren

115 g weiche Butter
115 g extrafeiner Zucker
2 Eier, leicht geschlagen
2 EL Kakao
115 g Mehl, vermischt mit 1 gestrichenen TL Backpulver und 1 Prise Salz

Für die Karamelmasse:
450 g extrafeiner Zucker
300 ml Wasser
2 EL Zuckerrübensirup
55 g ungesalzene Butter
55 g Kakao (sehr gute Qualität)

Den Ofen auf 180 °C (Gasherd Stufe 2 - 3) vorwärmen.

Eine 20 cm lange Kastenform mit leicht gefettetem Butterbrotpapier auslegen, ein Stück auf den Boden und ein weiteres so an die Seitenwände, daß es 1 cm übersteht.

Butter und Zucker in einer Schüssel schaumig schlagen, nach und nach die Eier dazugeben.

An den Kakao so viel heißes Wasser geben, daß eine glatte Paste entsteht. Erkalten lassen, dann abwechselnd je einen Eßlöffel der Kakaomasse und einen Eßlöffel Mehl zur Buttermischung geben, dabei leicht schlagen, bis ein glatter Teig entsteht.

Den Teig in die vorbereitete Kastenform geben und glattstreichen. Auf der mittleren Schiene des Backofens 25 - 30 Minuten backen, bis der Schokoladenkuchen gut aufgegangen ist.

Unterdessen die Karamelmasse zubereiten: Alle Zutaten in einen schweren Topf geben und langsam kochen. Jedoch erst zum Sieden kommen lassen, wenn der Zucker vollständig aufgelöst ist.

Dann ein Einmachthermometer in die Mischung hängen und leicht kochen lassen, bis das Thermometer 114 °C anzeigt.

Damit die Mischung nicht anklebt, löst man sie vorsichtig mit einem Holzlöffel vom Boden. Aber nicht rühren! Vom Feuer nehmen und im Topf erkalten lassen. Nach dem Abkühlen die Masse mit einem Holzlöffel kräftig glattschlagen.

Den Kuchen auf einen Drahtrost stürzen, das Papier entfernen und erkalten lassen.

Den völlig erkalteten Kuchen in der Mitte waagerecht durchschneiden und die Karamelmasse daraufstreichen. Den Kuchen wieder zusammensetzen und oben auch mit Karamelmasse bestreichen. Nach Belieben dekorieren.

LEBEN IM FREIEN
Wenn die Sonne wieder wärmt und die Natur zu neuem Leben erwacht, möchte man möglichst viele Arbeiten im Freien verrichten. An einem alten, im Garten aufgestellten Tisch läßt sich das Backen herrlich vorbereiten.

EIER UND SAHNE

Pochierte Eier auf Sauerampfer

MIT ESTRAGONSAUCE

Welche Freude, die hellgrünen Blattspeere des Sauerampfers im Frühlingsgarten emporschießen zu sehen! Die säuerliche Schärfe des Sauerampfers wird in diesem erfrischend nach Frühling schmeckenden Gericht durch reichlich Sahne gemildert.

Für 6 Personen
Zubereitungszeit: etwa 15 Minuten
Garzeit: 10 Minuten

675 g Sauerampferblätter
85 g Butter
350 ml Crème double
2 EL Estragonblätter, feingehackt
Gut 1/2 TL Dijon-Senf
1/2 TL Weißweinessig
4 Tomaten, enthäutet und entkernt
6 große, sehr frische Eier
1 Schuß milder Essig
6 Zweige Estragon (zum Garnieren)

Nur schönen Sauerampfer verwenden. Die Stengel bis in die Mitte der Blätter entfernen, waschen und trockentupfen.

Die Blätter übereinanderlegen und wie eine Zigarre aufrollen. Die Rollen zu 1 cm dicken Streifen schneiden.

55 g Butter in einer schweren Bratpfanne bei mäßiger Hitze schmelzen. Die geschnittenen Sauerampferblätter schnell hineingeben und ständig rühren, bis sie weich sind.

Crème double dazugeben und rasch zum Kochen bringen. Vom Herd nehmen, abschmecken und warm halten.

Die restliche Butter in einer Pfanne bei mäßiger Hitze zergehen lassen und den gehackten Estragon hinzugeben. Senf und Weißweinessig unterrühren, dann die Tomaten hineingeben und gar kochen. Die Masse durch ein Sieb passieren und warm halten.

Die Eier in einen Teller schlagen und vorsichtig in kochendes Wasser mit einem Schuß Essig gleiten lassen. Pochieren, bis sie außen gerade fest und innen noch weich sind.

Den Sauerampfer, zu Nestern geformt, auf 6 gewärmte Teller legen und in jedes Nest ein pochiertes Ei. Die Sauce darübergießen und mit einem Estragonzweig garniert servieren.

Blüten-Crêpes

Diese dünnen Crêpes sehen mit den darübergestreuten Blüten besonders schön aus. Man kann alle Blüten verwenden, die einem gefallen, sollte aber auf jeden Fall seltene Wildblumen verschonen, auch wenn sie noch so reizvoll sind. Dicksaft oder konzentrierten Saft erhält man in guten Reformhäusern; er eignet sich besonders gut zum Übergießen der Crêpes. Auch Konfitüre schmeckt gut dazu.

Ergibt 15–20 Stück
Zubereitungszeit: 15 Minuten
(3 Stunden im voraus)
Backzeit: 3 Minuten pro Crêpe

200 ml Kokosmilch
200 ml entrahmte Milch
3 EL verschiedene Blüten und Blütenblätter (Stiefmütterchen, Ringelblumen, Veilchen, Primeln, Löwenzahn, Geranien)
170 g ungebleichtes Mehl (oder halb ungebleichtes, halb Vollkornmehl)
1 TL Backpulver
1/4 TL Zucker
1/4 TL Salz
2 Eier, geschlagen
Pflanzenöl zum Backen
Konzentrierter Aprikosen- oder Birnensaft zum Servieren (nach Belieben)

Milch und Blüten in einen Topf geben, bei mäßiger Hitze zum Sieden bringen und sieben Minuten sanft köcheln. Die Flüssigkeit in einen Krug abseihen und die Blüten beiseite legen.

Mehl, Backpulver, Zucker und Salz in einen Mixer geben. Bei niedriger Drehzahl nach und nach erst die Eier, dann Milch und schließlich die Blüten dazugeben. Die fertige Masse in eine Schale füllen, zudecken und 3 Stunden ruhen lassen.

Eine schwere Omelette-Pfanne vorwärmen, ein paar Tropfen Öl hineingießen und durch Neigen der Pfanne verteilen. Den Boden mit dem Teig gleichmäßig bedecken, ebenfalls durch Drehen der Pfanne. Den Teig auf beiden Seiten goldbraun backen. Auf eine vorgewärmte Platte legen, zudecken und im lauwarmen Backofen warm halten. Die übrigen Crêpes in gleicher Weise backen.

Die fertigen Crêpes nach Belieben mit konzentriertem Aprikosen- oder Birnensaft oder guter Konfitüre servieren.

Schnell zubereiteter Orangen-Zitronen-Kuchen

Schnell gemacht und köstlich. Dieser Kuchen schmeckt warm am besten.

Für 6–8 Personen
Zubereitungszeit: 5 Minuten
Backzeit: 40–50 Minuten

115 g weiche Butter
1 unbehandelte Zitrone
1 unbehandelte Orange
170 g Mehl
1 1/2 TL Backpulver
1 Prise Salz
170 g extrafeiner Zucker
2 Eier
3 EL Milch
55 g Hagelzucker

Den Backofen auf 180 °C (Gasherd Stufe 2–3) vorwärmen. Eine kleine (höchstens 20 cm lange) Kuchenform gut einfetten.

Die Schalen der unbehandelten Zitrone und Orange abraspeln, die Früchte halbieren, von jeder eine Hälfte auspressen und den Saft in eine Schale geben.

Alle Zutaten, außer dem Saft und dem Hagelzucker, im Mixer gründlich mischen. Die Masse in die vorbereitete Kuchenform geben und 40–50 Minuten backen.

Den Kuchen aus dem Ofen nehmen, aber in der Form belassen. Den heißen Kuchen mit Hagelzucker bestreuen. Dann die Saftmischung darüberträufeln.

Den Kuchen vor dem Servieren etwas abkühlen lassen. Auch kalt schmeckt er natürlich gut.

Sorbet aus Rhabarber und Ahornsirup

Auch anderer Sirup kann verwendet werden, aber wer einmal die Verbindung Rhabarber und Ahornsirup gekostet hat, mag nichts anderes mehr.

Für 6–8 Personen
Zubereitungszeit: 25 Minuten
Garzeit: 25 Minuten
Gefrierzeit: etwa 5 Stunden

115 g Zucker
450 g Rhabarber
2 TL Zitronensaft
1 EL Ahornsirup
1 Holunderblütendolde (falls erhältlich)
1 Eiweiß

In einer schweren Bratpfanne den Zucker in zwei Eßlöffeln Wasser auflösen. Ist der Zucker vollständig aufgelöst, die Mischung zum Sieden bringen, dann die Hitze reduzieren und unbedeckt etwa 6 Minuten köcheln, bis der Sirup dick ist. Auf Zimmertemperatur abkühlen lassen, zudecken und in den Kühlschrank stellen.

Den Rhabarber waschen und schälen, dann in 2,5 cm dicke Scheiben schneiden. In einen Topf geben, zusammen mit Zitronensaft und Ahornsirup (und, falls erhältlich, Holunderdolde in einem Musselinsäckchen), zwei Eßlöffel Wasser hinzufügen und sanft köcheln, bis der Rhabarber weich ist. Erkalten lassen.

Den kaltgestellten Sirup zum Rhabarber gießen und im Mixer alles glattrühren. In eine flache Schüssel füllen, zudecken und ins Gefrierfach stellen.

Die gefrorene Masse wieder in den Mixer geben, mit sehr steif geschlagenem Eiweiß mischen, bis die Masse glatt ist. In die Schüssel zurückgießen und nochmals gefrieren lassen.

Mit Biskuit-Katzenzungen servieren.

Katzenzungen

Diese Biskuits schmecken köstlich zu jeder Art von Eis und Sorbet.

Ergibt 24 Stück
Zubereitungszeit: 10 Minuten
Backzeit: 6–9 Minuten

75 g Butter
8 gestrichene EL extrafeiner Zucker
2 große Eiweiß, leicht geschlagen
5 EL Mehl, gesiebt

Den Backofen auf 200 °C (Gasherd Stufe 3–4) vorwärmen, ein Backblech mit etwas Butter einfetten.

Butter und Zucker in einem Mixer schaumig rühren. Eiweiß dazugeben und gründlich verrühren. Dann das Mehl mit einer Gabel hineinrühren.

Diese Masse in einen Spritzsack mit gewöhnlicher kleiner Tülle füllen. Fingerlange Streifen aufs Blech drükken, weit genug voneinander entfernt, daß der Teig sich noch ausbreiten kann.

5–8 Minuten backen, bis die Biskuits am Rand goldbraun sind. Aus dem Ofen nehmen, eine Minute stehenlassen, dann mit einem Kuchenheber auf ein Drahtgitter zum Abkühlen legen.

Diese Biskuits kann man in einer luftdichten Dose mehrere Wochen aufbewahren. Zum Tiefkühlen eignen sie sich nicht.

Tangerineneis (folgende Seiten)
Sorbet aus Rhabarber und Ahornsirup mit Katzenzungen (folgende Seite rechts)

Tangerineneis

Statt Tangerinen können auch Mandarinen oder Clementinen für das Eis verwendet werden.

Für 8 Personen
Zubereitungszeit: 20 Minuten
Garzeit: 10 Minuten
Gefrierzeit: etwa 6 Stunden

etwa 10 unbehandelte Tangerinen
1 TL Gelatinepulver
300 ml Milch
300 ml Crème double
225 g Zucker
2 EL Zitronensaft
3/4 TL Salz

So viel Schale (ohne das Weiße) dünn von den Tangerinen schälen, daß sie zwei Teelöffel sehr fein geschnittene Schalenstreifen ergibt. Die Schalen-Julienne dann in einem Topf mit siedendem Wasser eine Minute blanchieren. Erkalten lassen und trockentupfen. Die übrige Schale und das Weiße wegschälen, die Kerne entfernen. In einem Mixer das Tangerinenfleisch grob zerkleinern, so daß man etwa 600 ml Fruchtfleischmasse erhält.

Im Wasserbad die Gelatine in drei Eßlöffeln Wasser auflösen. Die aufgelöste Gelatine mit Milch und Sahne verrühren, dann die übrigen Zutaten samt Schalen-Julienne und Fruchtfleisch vorsichtig untermengen.

In ein flaches Tiefkühlgefäß gießen, zudecken und drei Stunden einfrieren lassen, bis die Masse weich gefroren ist.

Anschließend in eine eiskalte Schüssel löffeln und kräftig mit einem Holzlöffel schlagen, bis die Masse glatt, aber immer noch gefroren ist.

In den Tiefkühlschrank zurückstellen, zudecken und gefrieren lassen, bis das Eis fest ist.

Vor dem Servieren das Eis etwa 10 Minuten bei Zimmertemperatur stehenlassen.

GEMÜSE UND KRÄUTER

Topinambur-Suppe

Diese dicke Suppe kann zusammen mit Krustenbrot für sich eine Mahlzeit bilden. Man kann sie verdünnen, indem man mehr Wein verwendet oder am Schluß Sahne hineinrührt.

Für 8 Personen
Zubereitungszeit: 15 Minuten
Garzeit: 30 – 40 Minuten, plus Zeit zum Abkühlen

700 g Topinamburs
850 g Gemüsebrühe
60 g Butter
2 große Zwiebeln, geschält und in Scheiben geschnitten
1 1/2 EL Mehl
1/2 TL gemahlene Muskatnuß
1/4 TL gemahlener Zimt
300 ml trockener Weißwein
Salz und Pfeffer
Saft von 2 Limonen
Petersilie, gehackt (zum Garnieren)

Die Topinamburs gründlich reinigen. In einen großen Topf mit Gemüsebrühe geben und zum Sieden bringen. Bei schwacher Hitze gar kochen.

Die Butter in einer schweren Pfanne bei mäßiger Hitze schmelzen, die Zwiebeln darin glasig dünsten. Mehl hineingeben und unter ständigem Rühren anschwitzen.

Muskatnuß und Zimt dazugeben, dann nach und nach die Gemüsebrühe und die Topinamburs, dabei ständig rühren, bis alles gut vermischt ist. Vom Feuer nehmen.

Nach dem Erkalten in einem Mixer glattpürieren. Dann langsam erhitzen, Weißwein dazugießen und fast bis zum Siedepunkt bringen. In gewärmte Schalen füllen, etwas Limonensaft darüberträufeln und mit Petersilie garniert servieren.

Knackiger Kohl

MIT KREUZKÜMMEL

Für 6 Personen
Zubereitungszeit: 5 Minuten
Garzeit: etwa 5 Minuten

700 g fester Weißkohl
60 g Butter
1 TL gemahlener Kreuzkümmel
Meersalz
Frisch gemahlener schwarzer Pfeffer

Den Weißkohl in feine Streifen schneiden, in ein Sieb legen, gründlich waschen und gut abtropfen lassen.

Die Butter in einem tiefen Topf bei niedriger Hitze schmelzen. Kreuzkümmel hineingeben und etwa 40 Sekunden leicht anbraten.

Den Kohl dazugeben und zugedeckt etwa 2 Minuten zusammenfallen lassen. Umrühren, wieder zudecken und den Topf mit dem Kohl schütteln. Den Kohl bei schwacher Hitze noch ein paar Minuten in Butter und Dampf garen lassen. Wenn er zart, aber noch knackig ist, würzen und auf einer vorgewärmten Platte servieren.

Mandelbroccoli

Für 6 Personen
Zubereitungszeit: 8 Minuten
Garzeit: 8 Minuten

100 g Mandelblätter
900 g Broccoli
50 g Butter
2 EL Olivenöl
1 1/2 EL japanischer Reisessig
Meersalz
Frisch gemahlener schwarzer Pfeffer

Die Mandeln in eine schwere Pfanne geben, mit Salz und Pfeffer bestreuen und bei mäßiger Hitze trockenrösten. Dabei ständig bewegen, damit sie nicht anbrennen. Wenn die Mandeln goldbraun sind, aus der Pfanne nehmen.

Die Broccoli waschen, Röschen und Stengel in etwa gleich lange Stücke schneiden.

Die Butter mit Olivenöl in einem Topf bei mäßiger Hitze schmelzen; Essig hineinrühren. Die Broccolistücke darin wenden, bis sie rundherum von der Mischung bedeckt sind.

Die Hitze hochstellen und das Gemüse 2 Minuten unter Rühren anbraten. Die Hitze zurücknehmen, den Topf zudecken und das Gemüse etwa 3 Minuten leicht dünsten. Den Topf von Zeit zu Zeit kräftig schütteln, damit die Broccolistücke nicht ansetzen.

Den Topf vom Feuer nehmen, Broccoli auf eine vorgewärmte Platte legen, mit den Mandeln bestreuen und servieren.

Nudeln

MIT PRIMELBLÄTTERN

Bitte nicht die immer seltener werdenden wilden Primeln (Schlüsselblumen) pflücken. Primeln lassen sich leicht im Garten ziehen. Man kann statt dessen aber auch Mangold verwenden.

Für 4 Personen
Zubereitungszeit: etwa 15 Minuten, plus 40 Minuten, um den Teig ruhen zu lassen
Garzeit: etwa 10 Minuten

6 EL Primelblätter, fein gehackt
200 g ungebleichtes Mehl
1 TL Salz
2 Eier
1½ TL gutes Pflanzenöl
55 g Butter
10 Primelköpfchen (zum Garnieren)
Getrocknete Primelblätter (zum Garnieren)

Die Blätter über siedendem Wasser etwa 4 Minuten dämpfen, bis sie zart sind. Ausdrücken und feinhacken.

Das Mehl mit der Hälfte des Salzes auf eine kalte Marmorplatte oder Arbeitsfläche schütten. In der Mitte eine Vertiefung machen und die Eier sowie 1 TL Öl hineingeben. Mit den Fingern nach und nach das Mehl vom Rand her einarbeiten. Zuletzt die gehackten Primelblätter hinzugeben und gleichmäßig im Teig verteilen. Den Teig 3 Minuten kneten, dann zu einer Kugel formen. Mit einem feuchten Tuch bedeckt 40 Minuten ruhen lassen.

Die Teigkugel vierteln. Ein Stück auf einem bemehlten Brett sehr dünn auswalzen. Mit einem Nudelschneider in etwa 3 mm breite Nudeln schneiden. Wenn keiner vorhanden ist, den ausgewalzten Teig von zwei gegenüberliegenden Seiten her jeweils bis zur Mitte einrollen. Mit einem sehr scharfen Messer in etwa 3 mm breite Streifen schneiden. Die anderen drei Teigstücke in der selben Weise zu Nudeln verarbeiten.

Wasser in einen großen Topf mit dem restlichen Salz und Öl – damit die Nudeln nicht zusammenkleben – zum Sieden bringen. Die Nudeln hineingeben und 3–5 Minuten kochen, bis sie weich sind. Abgießen, die Butter daruntermengen und nach Belieben würzen. Mit Primelköpfchen und Blättern garnieren und sofort servieren.

Igelkartoffeln

Als Beilage oder Vorspeise für 6 Personen, als Hauptgang für 3 Personen
Zubereitungszeit: 15 Minuten
Garzeit: 55–60 Minuten

12 mittelgroße Kartoffeln
2 EL Sesamöl
2 EL Sesamkörner, geröstet
Meersalz
Frisch gemahlener schwarzer Pfeffer

Den Backofen auf 180 °C (Gasherd Stufe 2–3) vorwärmen.

Die Kartoffeln gründlich waschen. Dünn einschneiden (in Scheiben, etwa so dick wie eine Münze), aber nicht ganz durchschneiden.

Die Scheiben vorsichtig auseinanderbiegen, soweit es geht, ohne daß sie brechen. Die Kartoffeln in eine Bratpfanne legen. Sesamöl zwischen die Kartoffelblätter träufeln, dann salzen, pfeffern und mit Sesamkörnern bestreuen.

Auf mittlerer Schiene im Backofen etwa 45 Minuten backen, bis die Kartoffeln weich sind, dann die Hitze auf 200 °C erhöhen (Gas Stufe 3–4) und weitere 10–15 Minuten backen, bis die Kartoffeln oben goldbraun und knusprig sind.

Mit dem restlichen Öl und Sesam aus der Pfanne übergießen und sofort servieren.

Teneriffa-Kartoffeln

MIT KRÄUTERSAUCE

Man kann die Kräutersauce im voraus zubereiten und tiefkühlen. Sie paßt gut zu Vinaigrette-Saucen und zu Nudelgerichten.

Für 6–8 Personen als Beilage und für 4 Personen als Hauptgang
Zubereitungszeit: 10 Minuten
Garzeit: etwa 20 Minuten

1,5 kg mittelgroße neue Kartoffeln
1 EL grobes Salz

Für die Kräutersauce:
1 großer Bund Koriandergrün
8 große Knoblauchzehen, geschält
1½ EL Weißweinessig
2 gehäufte TL Dijon-Senf
300 ml grünes Olivenöl (möglichst erste Pressung)
Salz und Pfeffer

Die Kartoffeln sorgfältig waschen, nicht schälen.

Wasser in einem großen Topf zum Sieden bringen und Salz hineingeben. Die Kartoffeln dazugeben und auf schwacher Hitze weich kochen. Die Kartoffeln aus dem Topf nehmen und zudecken; das Salz auf der Schale trocknen lassen. Warm halten.

Unterdessen die Sauce zubereiten: Den Koriander gründlich waschen und mit den Stielen, zusammen mit Knoblauch, Essig und Senf in einen Mixer geben. Gut mischen, dann langsam, bei laufender Maschine, einen dünnen Strahl Öl hineingießen. Es entsteht eine leichte, cremige Sauce. Mit Pfeffer und sparsam mit Salz würzen (weil das Salz auf den Kartoffeln genügen sollte).

Eine Portion Sauce in die Mitte eines jeden Tellers geben und die Kartoffeln außen herumlegen.

Lauch-Vinaigrette

Für 6–8 Personen
Zubereitungszeit: 15 Minuten
Garzeit: 12–20 Minuten,
plus 2–3 Stunden zum Abkühlen

8 mittelgroße Lauchstengel,
gewaschen und geputzt
450 ml Gemüsebrühe
150 ml Estragonessig oder japanischer Reisessig
150 ml Olivenöl
½ große grüne Paprikaschote,
entkernt und feingehackt
1 kleine Dose (85 g) rote Pfefferschoten,
abgetropft und gewürfelt
1 TL Zucker (nach Geschmack)
1 TL Dijon-Senf
Salz und Pfeffer
Kopfsalatblätter, feingeschnitten
(zum Garnieren)

Man verwendet nur den hellen Teil der Lauchstengel. Längs halbieren und unter fließendem Wasser ausspülen.

In einem Topf die Gemüsebrühe zum Sieden bringen und die Lauchstengel hineingeben. 8–15 Minuten köcheln, bis sie *al dente* sind. Herausnehmen, abtropfen und abkühlen lassen.

Unterdessen die Vinaigrette zubereiten: Essig und Öl mit der gehackten Paprikaschote, den Pfefferschoten, dem Zucker und Senf sowie Salz und Pfeffer nach Belieben mischen.

Die abgekühlten Lauchstengel nebeneinander auf eine flache Servierschüssel legen. Die Vinaigrette gut mischen und über den Lauch gießen. Zudecken und mehrere Stunden im Kühlschrank kalt stellen, dabei die Lauchstengel von Zeit zu Zeit wenden.

Zum Servieren den mit Kopfsalatblättern garnierten Lauch in eine flache Schüssel legen und die Vinaigrette darüberlöffeln.

Lauch-Vinaigrette (rechts); *Teneriffa-Kartoffeln* (rechte Seite und S. 33)

FISCH UND SCHALTIERE

Pochierter Schellfisch

MIT KAPERN

Für 6 Personen
Zubereitungszeit: 5 Minuten
Garzeit: etwa 10 Minuten

1 kleines Glas Kapern, abgetropft
900 g geräucherter Schellfisch, enthäutet
300 ml Milch
30 g Butter
Frisch gemahlener schwarzer Pfeffer
12 Muffins, halbiert und gebuttert
(als Beilage; s. S. 26)

Den Schellfisch in einen tiefen Topf legen und mit Milch bedecken. Zugedeckt bis knapp zum Siedepunkt erhitzen und 8 Minuten leicht köcheln, oder bis der Fisch gar ist (das Fleisch weiß und mit der Gabel in Flocken zerteilbar).

Den Fisch aus der Flüssigkeit nehmen, in Flocken zerteilen, Gräten und Hautstücke entfernen und in eine warme Schüssel geben.
Die Butter und frisch gemahlenen Pfeffer darübergeben. Dann ein wenig Fischsud dazugießen, um die Mischung zu binden.

Die Fischmischung auf die Muffins häufen, mit kleinen Kreisen aus 4 oder 5 Kapern garnieren und heiß servieren.

Kipperfilet

IN ZITRONEN- UND LIMONENSAFT MARINIERT

Dieses Rauchheringsfilet sollte lange, bis zu 3 Tage, mariniert werden. Man kann das Gericht ebensogut mit Lachshering zubereiten. Es eignet sich als Vorspeise mit Weizen- oder Vollkorntoast.

Für 8 Personen
Zubereitungszeit: 20 Minuten
Marinierzeit: mindestens 36 Stunden

8 große Kipperfilets, enthäutet und in
1/2 cm breite Streifen geschnitten
2 unbehandelte Zitronen
2 unbehandelte Limonen
250 ml Olivenöl
75 ml Weißweinessig
1 TL Dijon-Senf
Salz und Pfeffer

Mit der Hälfte der Kipperfilets den Boden einer großen, flachen Schüssel auslegen. Den Saft von einer Zitrone und einer Limone über den Fisch pressen.

Mit den übrigen Kipperfilets eine weitere Schicht legen. Die äußere Schale der zweiten Zitrone und Limone darüberraspeln und ihren Saft darüberträufeln.

Eine Vinaigrette bereiten aus Öl, Essig, Senf und Salz sowie Pfeffer nach Belieben. Über den Fisch gießen, zudecken und 24 Stunden kalt stellen.

Die Filets umschichten, so daß die untersten oben liegen und wieder glattstreichen. Zugedeckt weitere 12 Stunden kalt stellen.

Meeresfrüchte-Suppe

Diese Suppe wird am besten, wenn man sie einen Tag vorher zubereitet und die Schaltiere erst kurz vor dem Servieren hineingibt.

Für 6 Personen als Hauptgang
Zubereitungszeit: 30 Minuten
(am besten 24 Stunden im voraus)
Garzeit: etwa 45 Minuten

900 g Filets von geräucherten Fischen
(Schellfisch oder Kipper)
Gut 1 l Milch
60 g Butter
3 EL Pflanzenöl
2 große Zwiebeln, grobgehackt
400 g Kartoffeln (späte Sorte), geschält
und in grobe Stücke geschnitten
1 TL gemahlene Muskatnuß
350 g frische Garnelen, gekocht, geschält
und gewaschen
700 g junge Miesmuscheln,
gereinigt und gewaschen
Salz und Pfeffer
Petersilie, gehackt (zum Garnieren)
Sahne zum Servieren (nach Belieben)

Die Fischfilets unter fließendem Wasser reinigen. Milch mit ½ l Wasser in einen Topf gießen und den Fisch darin zugedeckt 15 Minuten vorsichtig pochieren. Den Fisch aus der Milch nehmen und erkalten lassen. Wenn er kühl genug ist, um angefaßt zu werden, sorgfältig in Flocken zerteilen, dabei alle Gräten entfernen. Den Fischsud beiseite stellen.

Butter mit dem Öl in einer großen Bratpfanne bei mäßiger Hitze schmelzen. Zwiebeln darin glasig dünsten. Die Kartoffeln dazugeben, gut würzen und 5 Minuten sanft kochen lassen.

Den aufbewahrten Fischsud dazugießen und 15 Minuten köcheln. Etwas abkühlen lassen, dann im Mixer pürieren. Zurück auf die Herdplatte stellen und den in Flocken zerteilten Fisch dazugeben. Mit Muskatnuß, Salz und Pfeffer abschmecken.

Die Garnelen und Miesmuscheln 1–2 Minuten vor dem Servieren in die Suppe geben. Erhitzen, aber nicht kochen.

Die Suppe in heißen Schalen servieren, garniert mit gehackter Petersilie und nach Belieben mit Sahnetupfen.

Das Modell eines alten Segelschiffs weckt Erinnerungen an die See.

Meeresfrüchte-Suppe (folgende Seite links und S. 36)
Jakobsmuscheln mit Limonensauce (folgende Seiten)

Jakobsmuscheln

MIT LIMONENSAUCE

Für 6 Personen
Zubereitungszeit: 15 Minuten
Garzeit: 15 Minuten

12 große Jakobsmuscheln
50 g Butter
1 Zwiebel, feingehackt
300 ml Milch
Salz und Pfeffer

Für die Sauce:
4 große Eigelb
50 g Butter
4 TL abgeriebene Limonenschale
(von 2–3 unbehandelten Früchten)
150 ml saure Sahne
2 TL Limonensaft

Die Muscheln reinigen und einige Minuten mit der gewölbten Seite nach unten auf die heiße Herdplatte legen, damit sie sich öffnen. Den Schließmuskel durchschneiden, den Deckel abheben und die Muschel aus der gewölbten Schale lösen. Den Bart und die schwarzen Häute entfernen, waschen und trockentupfen.

Zuerst die Sauce zubereiten: Eigelb, Butter und die Hälfte der Limonenschale im Wasserbad schlagen, bis die Butter geschmolzen ist.

Nach und nach die saure Sahne dazugießen und kräftig schlagen, bis die Sauce dick wird. Den Limonensaft hineinträufeln und weiter schlagen. Nach Belieben würzen und warm halten.

Die Butter bei schwacher Hitze in einer Bratpfanne schmelzen und die Zwiebeln darin glasig dünsten. Die Muscheln hinzufügen, mit der Milch bedecken, 2–3 Minuten leicht köcheln, bis sie gut pochiert (fest und weiß) sind. Nicht zu lange kochen, sonst werden sie zäh wie Gummi.

Aus der Pfanne nehmen und in die gewärmten Muschelschalen füllen, mit Limonensauce übergießen und, mit Limonenschale garniert, servieren.

FLEISCH UND GEFLÜGEL

Gefüllte Fleischröllchen
MIT ROTER SAUCE

Für 4 - 6 Personen
Zubereitungszeit: 30 Minuten
Garzeit: ca. 70 - 80 Minuten

30 g Butter
1 EL Olivenöl
2 große Knoblauchzehen, geschält und gehackt
2 Schalotten, geschält und gehackt
120 g Rückenspeck-Streifen ohne Schwarte, feingehackt
120 g Hühnerfleisch, gekocht und feingehackt
90 g Schwarzbrotkrumen
1½ EL frische Petersilie, gehackt
1 TL frischer (oder ½ TL getrockneter) Majoran, gehackt
1 großes Ei, geschlagen
75 ml Cognac
700 g magere Rinder-Oberschale, hauchdünn geschnitten
1 großer EL Dijon-Senf
Salz und Pfeffer
Petersilie, gehackt (zum Garnieren)
Stengel von Frühlingszwiebeln, in Streifen geschnitten (zum Garnieren)

Für die Sauce:
2 EL Olivenöl
2 Knoblauchzehen, geschält und zerdrückt
8 Frühlingszwiebeln mit grünen Stengeln, gehackt
2 große rote Paprikaschoten, entkernt und feingehackt
1 Prise gemahlener Chili
1 Prise Cayennepfeffer
2 EL trockener Sherry
300 ml Gemüsebrühe

Den Backofen auf 160 °C (Gasherd Stufe 1 - 2) vorwärmen.

Die Butter mit dem Öl in einer Bratpfanne bei mäßiger Hitze schmelzen. Knoblauch und Schalotten hineingeben und langsam weich dünsten.

Unterdessen für die Füllung in einer Schüssel Speck, Hühnerfleisch, Brotkrumen, Petersilie, Majoran, Salz und Pfeffer vermischen. Ei und Cognac hinzufügen und gut verrühren, dann zudecken.

Die Rinderscheiben sollten ungefähr 8 x 8 cm groß sein. Wenn nötig zwischen Butterbrotpapier legen und mit einem Nudelholz dünner pressen. Jede Scheibe mit Senf bestreichen und dann kräftig würzen. Die Füllung gleichmäßig auf alle Fleischscheiben verteilen, die Scheiben zu kleinen Paketen rollen, dabei seitlich einklappen, damit keine Füllung austritt. Jedes Röllchen sorgfältig mit Zwirn zubinden.

Die Fleischröllchen in die Pfanne zu Knoblauch und Schalotten legen und rundherum anbraten. In eine Kasserolle legen und zugedeckt 50 Minuten im Ofen braten. Den Deckel entfernen, die Hitze auf 200 °C erhöhen und nochmals 5 Minuten braten. Während der gesamten Bratzeit mindestens zweimal wenden.

Für die Sauce das Öl in einer schweren Bratpfanne mäßig erhitzen und Knoblauch, Frühlingszwiebeln und Paprika darin weich dünsten.

Chili, Cayenne und Salz zufügen und nochmals 1 Minute dünsten. Gemüsebrühe und Sherry dazugießen, kurz aufkochen lassen und weiterköcheln, um die Sauce etwas einzudicken.

Die Mischung im Mixer pürieren und durch ein feines Sieb streichen, dann die Sauce wieder erwärmen. Von den Fleischröllchen den Zwirn entfernen, sie in eine warme Servierschüssel legen und mit der Sauce übergießen.

Lammfilet
MIT ZITRONENTHYMIAN

Für 6 Personen
Zubereitungszeit: 10 Minuten
Garzeit: etwa 5 Minuten

12 Thymianzweige
1 EL Olivenöl
60 g Butter
700 g Lammfilet, in ½ - 1 cm dicke Scheiben geschnitten
1 EL Zitronenpfeffer
Salz und Pfeffer

Acht Thymianzweige in eine feuerfeste Schale legen und 200 ml kochendes Wasser darübergießen. Den Thymian ein paar Minuten ziehen lassen. Die restlichen Zweige hacken.

Eine gerillte Steakpfanne stark erhitzen und je die Hälfte von Öl und Butter hineingeben (nicht braun werden lassen!). Die Lammstücke in die Pfanne legen und auf jeder Seite etwa 1 Minute scharf anbraten. (Das Fleisch sollte im Innern rosa sein.) Das Lamm auf eine vorgewärmte Servierplatte geben und warm halten.

Das restliche Öl und die Butter in die Pfanne zum Bratfett geben und den Zitronenpfeffer hineinstreuen. Langsam die Hitze steigern und nach und nach den Thymiansud samt den Thymianzweigen dazugeben.

Aufkochen lassen, mit Salz und Pfeffer abschmecken, dann rasch die Sauce und die Thymianzweige über das Fleisch gießen. Den gehackten Thymian über das Gericht streuen und sofort servieren.

EIN GOLDTEPPICH
Sonnengelbe Rapsblüten bedecken bis zum Horizont die Felder.

Pikante Lammnieren

Dieses Gericht wird in England als Frühstück serviert, es eignet sich natürlich ebenso gut als Vorspeise.

Für 6 Personen
Zubereitungszeit: 15 Minuten
Garzeit: 15 Minuten

12 Lammnieren
2 EL Butter
2 EL Pflanzenöl
1 große Zwiebel, geschält und gewürfelt
120 g Egerlingköpfe, geputzt und gehackt
2 TL Dijon-Senf
1 TL Pilz-Ketchup
4 EL Worcestershire-Sauce
1/4 TL Cayennepfeffer
Meersalz
Schwarzer Pfeffer

Die Nieren halbieren, Fett und Häute entfernen, waschen und trockentupfen.

Je die Hälfte von Butter und Öl in einer Bratpfanne erhitzen und die Nierenhälften darin sanft braten; auf jeder Seite 4 Minuten. Die Nieren aus der Pfanne nehmen, in eine feuerfeste Form legen und warm halten.

Die Zwiebel in der Pfanne langsam weichdünsten und dann die Pilze hinzufügen. Rühren, bis sie gar sind. Die restliche Butter dazugeben, zergehen lassen und unter ständigem Rühren Senf, Ketchup und Worcestershire-Sauce dazugeben.

Den Grill vorwärmen. Die Pilzmischung etwas stärker erhitzen und den Cayennepfeffer hineinrühren. Etwas Wasser hinzufügen. Diese Sauce 30 Sekunden lebhaft kochen lassen, dann über die Nieren gießen und eine Minute im Grill überbacken.

Sofort mit Toast servieren.

Huhn

MIT KOKOSNUSS UND ZITRONE

Für 6–8 Personen
Zubereitungszeit: 15 Minuten
Garzeit: 15–20 Minuten pro 450 g,
plus etwa 10 Minuten

1 frisches Huhn von 2–2½ kg,
ausgenommen gewogen
4 unbehandelte Zitronen
1 Dose (125 g) Kokosmilch
85 g weiche Butter
Salz und Pfeffer

Den Backofen auf 200 °C (Gasherd Stufe 3–4) vorwärmen.

Drei Zitronen vierteln. Das Innere des Huhns ausspülen und gut abtropfen lassen. Die Zitronenviertel locker hineinstopfen und das Huhn in die Bratpfanne legen.

Mit einem Löffel vorsichtig die Haut von beiden Hühnerbrüstchen lösen, ohne sie zu verletzen. Den dicken, breiigen Teil der Kokosmilch gleichmäßig über die Brüstchen streichen und die Haut wieder darüberziehen.

Die Butter über die ganze Brust bis zu den Schenkeln verstreichen. Das ganze Huhn würzen. Das Innere mit der übrigen Kokosmilch füllen und mit der ganzen Zitrone zustopfen.

150 ml Wasser in die Bratpfanne gießen und das Huhn 15–20 Minuten pro 450 g braten, von Zeit zu Zeit begießen.

20 Minuten vor Ende der Bratzeit mit einem Löffelstiel die Zitronen im Inneren des Huhns zerdrücken, damit der Saft herauskommt. Das Huhn dabei etwas anheben und fast allen Saft aus dem Inneren in die Bratpfanne rinnen lassen. Das Huhn auf eine vorgewärmte Servierschüssel legen.

Die Bratpfanne auf eine sehr heiße Herdplatte stellen und die Sauce aufkochen lassen. Abschmecken und nach Belieben Butter oder Wasser hinzufügen. Das Huhn zerteilen und die Sauce getrennt servieren.

Huhn mit Kokosnuß und Zitrone (links)
ZARTER KERBEL *(oben)*

Sommer

DIE ZEIT, DIE ALLE SINNE WECKT

Im Sommer ist das Leben in Wald und Flur besonders aktiv. Die Pflanzenwelt ernährt eine erstaunliche Anzahl und Vielfalt von Vögeln, Insekten und anderen Tieren; Sommerfrüchte, Blumen und Bäume, ihre Blätter und Wurzeln, ihr Saft und ihre Rinde bieten den Tieren Nahrung im Überfluß. Wiesen und Hecken blühen und bezaubern uns mit ihren Farben und ihrem Duft. Kinder sollte man durch Kleewiesen führen, sie nach Marienkäfern und Spinnen suchen lassen und ihnen erklären, wie wichtig diese kleinen Tiere für die Bauern bei der Bekämpfung von Blattläusen und schädlichen Käfern sind, die sich sonst beängstigend schnell vermehren. Man sollte ihre kindliche Freude über die Wunder teilen, die ihnen zu dieser Jahreszeit auf Schritt und Tritt begegnen.

GEBORGEN UNTER GRÄSERN *(oben)*
BLÜTEN IM ÜBERFLUSS *(vorhergehende Seiten)*

Von Juni bis September ist die Zeit, um in manchen Gegenden Dachse zu beobachten. Man muß aber darauf achten, daß der Wind den Geruch der Menschen nicht zum Bau trägt. Sie sind zwar scheu, aber wenn sie sich unbeobachtet fühlen, sind sie übermütig und listig bei ihren Spielen. Wer Geduld hat, dem gelingen mit einem Teleobjektiv einzigartige Schnappschüsse.

Im Juli und August kann man Weidenzweige schneiden und daraus grobe Körbe flechten; vor dem Flechten legt man die Zweige in Wasser. Man sollte den Kindern alles erzählen, was man über Fledermäuse weiß. Diese faszinierenden Nachtgeschöpfe verzehren lästige Insekten. Wenn sie sich in der Nähe niederlassen, sollte man sie nicht stören. Wo Fledermäuse sind, bleiben Balken frei von Holzböcken, die alten Häusern sonst so gewaltig zusetzen.

Kandierte Blütenblätter und Blüten

Hierfür eignen sich alle Blumen, deren Blüten die Farbe gut behalten: Borretsch, Lavendel, Rosen (ganze Blüten oder Blütenblätter), Veilchen, Primeln und Gänseblümchen.

Wenn sich die Blüten nur ein paar Tage halten müssen, konserviert man sie mit Eiweiß. Man schlägt es, bis es klebrig, aber nicht steif ist, und bestreicht die Blüten und Blütenblätter auf allen Seiten damit. Dann bestäubt man sie sofort mit extrafeinem Zucker und läßt sie bei Zimmertemperatur trocknen. Luftdicht aufbewahren.

Möchte man, daß die Blüten mehrere Wochen halten, mischt man 2 Eßlöffel Wodka oder Gin mit 1 Teelöffel Gummi arabicum, bestreicht die Blüten mit dieser Mischung und bestäubt sie mit Zucker, wie oben beschrieben. Überschüssigen Zucker schüttelt man ab, läßt die Blüten trocknen und bewahrt sie in einem luftdichten Gefäß auf.

Blüten- und Blütenblätter-Eisschale

Eine Eisschale auf ein Tablett oder in eine große Schüssel stellen, damit zusätzlich darübergestreute Blüten auf dem schmelzenden Eis schwimmen können. Das Schmelzen dauert 1–2 Stunden je nach Raumtemperatur.

4–6 Eiswürfel auf den Boden einer großen, gefrierfesten Schale legen. Eine andere, nur zwei Drittel so große Schale in die erste stellen und beschweren, damit sie stehenbleibt. Eiswasser in den Zwischenraum gießen und Blüten und Blätter darin arrangieren, mit den Köpfen nach oben (eventuell mit weiteren Eiswürfeln fixieren). Wenn nötig mit Eiswasser bis zum Rand auffüllen, dann gefrieren, bis alles vollkommen fest ist.

Aus dem Gefrierfach nehmen und etwa eine halbe Stunde bei Raumtemperatur stehenlassen. Die innere Schüssel sollte man jetzt ganz leicht herausnehmen können. Wenn nicht, das Ganze in warmes Wasser tauchen und die innere Schale hin und her bewegen, bis sie sich löst. Die große Eisschale zurück ins Gefrierfach stellen, bis sie gebraucht wird.

Jetzt kann man Heidelbeeren trocknen, um im Winter daraus Heidelbeeressig zu machen (S. 106). Eine reizvolle Beschäftigung, an der auch Kinder teilhaben können, besteht darin, Blütenköpfe und Blütenblätter zu kandieren. Sie sehen wunderschön aus, schmecken gut und eignen sich zum Verzieren von Kuchen und Süßspeisen. Sie lassen sich auch zu einer aparten Tischdekoration kombinieren.

Ein Picknick ist für alle ein besonderes Vergnügen; und wenn es gut vorbereitet ist, kann jeder das Essen im Grünen genießen. Kalte Suppen, Pasteten, Terrinen und Torten schmecken besonders köstlich nach einem Ballspiel auf der Wiese oder einem Bad im See. Achtet man bei der Vorbereitung nicht nur auf den Geschmack der Speisen, sondern kombiniert sie phantasievoll nach Farben und Formen, wird aus dem Picknick ein Festmahl. Im Sommer kann man in Salaten schwelgen. Es gibt inzwischen unzählige einheimische und importierte Sorten. Man mische zur Abwechslung Salate mit tropischen Früchten und gegrilltem Ziegenkäse oder bereite dazu eine warme Vinaigrette. Für Garnituren und Saucen steht eine Vielzahl von Kräutern zur Verfügung, die überdies nicht nur köstlich, sondern auch gesund sind.

Wenn die Gäste von den vielen Unternehmungen und der frischen Landluft müde sind, kann man ihnen zur Schlafenszeit Petersilienhonig geben, und sie werden sich rasch erholen. Dieses natürliche Aufbaumittel kann jeder herstellen, der im Garten oder auf dem Fenstersims reichlich Petersilie zieht.

Blüten lassen sich sehr vielseitig verwenden. Aus Holunderblüten kann man zum Beispiel Champagner herstellen (S. 52), der Duft und Geschmack der Blüten bewahrt hat. Oder man kocht Kamillenblüten, um damit nach der Wäsche das Haar zu spülen. Ihre natürlichen Farbstoffe lassen blondes Haar leuchten. Dasselbe bewirken Hopfenblüten bei dunklem Haar.

Die ungewöhnlichen, strahlendblauen Blüten des Borretsch lassen sich zum Garnieren von Salaten und Kuchen verwenden. Besonders dekorativ sind auch die Blütenblätter der weißen Hundsrose, denn sie haben dunkle Ränder, die sich gegen die rosarote Mitte zu aufhellen. Beinwell, kurz blanchiert, heilt blaue Flecken und kann über Nacht aufgelegt werden. Die Verletzungen heilen erstaunlich rasch.

Man kann allerlei Kraut in den Hecken pflücken und damit hübsche große und kleine Blumenarrangements machen. Ein Sträußchen aus Hahnenfuß und Kerbel kann bezaubernd aussehen. Malve und Mädesüß, vermischt mit frischer Minze, erfüllen die Gästezimmer mit zartem Duft.

Bunte, duftende Wicken steuern Farbflecke bei, und der zauberhaft zerbrechlich aussehende Mohn inmitten reifen goldenen Weizens versinnbildlicht alljährlich den Inbegriff des Sommers.

Theater im Freien, Grillpartys, Ausflüge an den Strand und ans Flußufer sollte man im warmen Wetter dieser Jahreszeit genießen. Sonne besänftigt und macht die Menschen geselliger. Man kann, während man die Stimmung der Landschaft und die frische Luft in sich aufnimmt, malen und schreiben, denken und dichten.

Petersilienhonig

Petersilie ist eines der wertvollsten und vielseitigsten Kräuter und besitzt große Heilkraft. Petersilienhonig vertreibt Müdigkeit und eignet sich als ungewöhnliche Würze für vielerlei Speisen.

Ergibt 3 Gläser von je 450 g

120 g frische Petersilie, gehackt
900 g grober brauner Zucker

Die Petersilie mit 600 - 1000 ml Wasser in einen Topf geben und 20 Minuten ziehen lassen, dann aufkochen. Die Farbe der Petersilie sollte das Wasser färben.

Die Flüssigkeit sofort durch ein Sieb gießen und den Zucker dazugeben. Bei mäßiger Hitze den Zucker unter beständigem Rühren auflösen, dann kochen, bis die Flüssigkeit einzudicken beginnt.

Vom Feuer nehmen, in warme keimfreie Schraubgläser füllen, verschließen und etikettieren.

FARBHARMONIE
Die Natur wetteifert mit der Kunst auf diesem Gemälde.

SOMMERREICHTUM *(folgende Seiten)*
Die Gemüse- und Obstgärten quellen über von reifen Köstlichkeiten.

Menüs für den Sommer

FRÜHSTÜCK

Gefüllte Croissants (S. 52 und 64)

LEICHTES MITTAGESSEN

Joghurtsuppe mit Minze (S. 55)
Zuckererbsen mit Garnelen und falschem Kaviar (S. 61)
Stachelbeercreme (S. 68)

MITTAGESSEN

Brunnenkresse-Suppe (S. 55)
Knoblauch-Kräuter-Brot (S. 52)
Buchweizen-Pfannkuchen mit geräuchertem Aal und saurer Sahne (S. 61)
Sorbet von Rosé und Rosenblüten (S. 71)

ZUM TEE

Scones (S. 53)
Quittenkonfitüre (S. 53)
Zarte Biskuits (S. 54)

LEICHTES ABENDESSEN

Kalte Aprikosensuppe (S. 57)
Schweinefilet mit Salbeibutter (S. 64)
oder
Heilbuttsteaks mit Meerfenchel (S. 63)
Sommergemüse (S. 59)
Puffbohnen mit Pinienkernen und Basilikumsauce (S. 60)
Marzipan-Erdbeeren (S. 68)

ABENDESSEN

Kalte libanesische Suppe (S. 55)
Lachs mit frischem Ingwer und Senfblütensauce (S. 64)
oder
Lamm im Tontopf mit Lavendel und Heu (S. 67)
Neue Kartoffeln mit Kräutern
Prinzeßböhnchen mit Vinaigrette aus Kapernblättern (S. 58)
Rubintorte mit Ringelblumencreme (S. 72)

VORBEREITUNG

Holunder-Champagner

Ergibt ca. 4,5 l
Zubereitungszeit: 10 Minuten
Garzeit: etwa 25 Minuten
(10 Tage im voraus)

8 große blühende Holunderdolden
4,5 l Quellwasser oder gefiltertes Leitungswasser
550 g grober brauner Zucker
2 unbehandelte Zitronen, entkernt und in Scheiben geschnitten
2 EL Weißweinessig

Die Holunderdolden von Insekten säubern, waschen und mit einem Papiertuch trockentupfen.

In einem großen Topf Wasser zum Kochen bringen. Vom Herd nehmen und sofort den Zucker unter ständigem Rühren darin auflösen. Abkühlen lassen.

Nach dem Erkalten die Holunderdolden, die Zitronenscheiben und den Essig hineingeben. 48 Stunden stehenlassen.

Danach die Flüssigkeit vorsichtig durch ein Musselintuch abseihen und in trockene, keimfreie, langhalsige Flaschen füllen. Mit Korken verschließen und – wie bei Champagner – mit Draht sichern.

Holunder-Champagner ist nach 8 Tagen trinkfertig. Gut gekühlt servieren. Er ist ein köstlicher, prickelnder Aperitif, der leicht zu Kopf steigt.

Knoblauch-Kräuter-Brot

Ergibt 2 Laibe von je 900 g
Zubereitungszeit: 15 Minuten, plus 30 Minuten, um den Teig gehen zu lassen
Backzeit: 40–50 Minuten, plus Zeit zum Abkühlen

1,35 kg reines Vollkornmehl
1 EL feines Meersalz
4 EL Oregano (wenn möglich frisch gehackt)
4 TL frischer junger Rosmarin, gehackt
2 TL frischer Thymian, gehackt
1½ TL Kurkuma-Pulver (gemahlene Gelbwurz)
24 Knoblauchzehen, geschält und feingehackt
1 große Zwiebel, geschält und gewürfelt (nach Belieben)
700 ml warmes Wasser
30 g Frischhefe
1 EL Rohzucker (Farinzucker)

Das Mehl in eine große Teigschüssel füllen und Salz, Kräuter und Gewürze (eventuell Zwiebel) dazugeben.

In 150 ml des warmen Wassers die Hefe zerkrümeln und den Zucker verrühren. 10–15 Minuten an einem warmen Ort stehenlassen, bis die Mischung Blasen wirft.

Die Hefemischung zum Mehl geben und nach und nach, während man den Teig gründlich knetet, das restliche warme Wasser dazugeben. Den fertigen Teig in zwei gleich große Kugeln teilen.

Zwei Backformen von je 25 cm Länge mit etwas Butter oder Öl einstreichen, leicht vorwärmen und in jede eine Teigkugel legen. Mit einem feuchten Tuch zudecken, an einen warmen Ort stellen und aufgehen lassen, bis der Teig knapp über die Ränder steigt.

Den Backofen auf 200 °C (Gasherd Stufe 3–4) vorwärmen. Die Brote schnell in den Ofen schieben und etwa 40 Minuten backen.

Mit einem Messer die Seiten der Brote von der Backform lösen, etwas abkühlen lassen und dann zum Erkalten auf einen Rost stürzen.

Croissants

Ergibt 16 Stück
Zubereitungszeit: 2 Stunden, plus 1½ Stunden zum Abkühlen
Backzeit: 20 Minuten

450 g Weizenmehl
30 g Butterschmalz
2 TL Salz
30 g Frischhefe
300 ml warmes Wasser
2 Eier
170 g Butter
½ TL extrafeiner Zucker

Das Mehl, mit dem Salz vermischt, in eine große Schale sieben. Das Schmalz dazugeben. Mehl und Schmalz mit den Fingerspitzen zu großen Krümeln verarbeiten, dann in die Mitte dieser Mischung eine Mulde drücken.

Die Hefe mit einer Gabel im warmen Wasser schaumig rühren, zusammen mit einem Ei in die Mulde geben und mit der Mehl-Schmalz-Mischung verkneten. Dann den Teig schlagen, bis er sich vollständig von der Schüssel löst.

Den Teig auf eine leicht bemehlte, kühle Fläche legen und etwa 10 Minuten glattkneten.

Die Butter mit einem Holzlöffel bearbeiten, bis sie streichfähig, aber noch nicht weich ist, und sie dann dritteln.

Den Teig zu einem etwa 50 x 20 cm großen und ½ cm dicken Rechteck ausrollen. Eine Portion Butter auf ⅔ der Teiglänge verteilen und dabei ringsherum einen Rand von 1 cm belassen. Dann den Teig falten: Das Teigdrittel ohne Butter auf das bebutterte zweite Drittel klappen und das dritte wiederum auf die beiden ersten. Die Ränder mit einem Nudelholz zusammenpressen.

Den Teig jetzt in Querrichtung wieder zu einem langen Streifen ausrollen, mit Butter belegen und falten, wie oben beschrieben. Diesen Vorgang ein weiteres Mal wiederholen.

Den Teig in ein feuchtes Tuch einschlagen und 45 Minuten kalt stellen.

Anschließend das Ausrollen und Falten noch dreimal wiederholen, aber ohne Butter. Den Teig wieder in ein Tuch einhüllen und 45 Minuten kalt stellen.

Danach den Teig auf einer leicht bemehlten Fläche zu einem etwa 60 x 30 cm großen Rechteck ausrollen. Wieder zudecken und bei Zimmertemperatur 10 Minuten ruhen lassen.

Den Teig halbieren, so daß zwei Quadrate entstehen. Aus jedem dieser Quadrate wieder jeweils vier Quadrate schneiden, und schließlich diese acht Quadrate diagonal in 16 Dreiecke teilen.

Das zweite Ei in einer kleinen Schale mit Zucker und ein paar Tropfen Wasser gut verschlagen. Diese Eimasse mit einem Pinsel auf die Teigdreiecke streichen.

Die Dreiecke von der Grundlinie zur Spitze lose aufrollen. Die Spitze sollte auf der Unterseite bleiben. Vorsichtig zu Hörnchen formen.

Die Croissants auf ein kalt abgespültes Backblech legen und nochmals leicht mit der Eimischung bepinseln. Mit Butterbrotpapier bedecken und etwa 40 Minuten bei Raumtemperatur aufgehen lassen.

Den Ofen auf 220 °C (Gasherd Stufe 4–5) vorheizen.

Nach dem Aufgehen die Croissants nochmals schnell mit Ei bestreichen, das Blech in den Ofen schieben und in 17–20 Minuten goldbraun backen.

Die fertigen Croissants vorsichtig vom Blech heben, wenn nötig mit Hilfe einer Kuchenpalette. Auf einem Rost etwas abkühlen lassen, dann nach Belieben füllen (S. 64).

Scones

KLEINES RUNDES TEEGEBÄCK

Ergibt 12 Stück
Zubereitungszeit: 15 Minuten
Backzeit: 10–12 Minuten

60 g Butter
170 g saure Sahne (oder halb saure Sahne, halb Milch)
1 Ei
285 g Mehl, gesiebt und mit 1½ TL Backpulver gemischt
1 Prise Salz
1 Eigelb (nach Belieben)

Den Ofen auf 230 °C (Gasherd Stufe 5) vorheizen. Ein Backblech leicht mit etwas Butter bestreichen.

Die Butter in einem großen Topf bei schwacher Hitze langsam zergehen lassen. Die saure Sahne (oder Sahne-Milch-Mischung) und das Ei dazugeben. Mehl und Salz hineinrühren und zu einem glatten Teig verarbeiten.

Den Teig auf einer möglichst kalten Fläche (ideal ist Marmor) etwa 2 Minuten leicht kneten. Mit der Handfläche flachklopfen, bis er etwa 2 cm dick ist. Mit einer Ausstechform oder einem Glas Kreise von ca. 5 cm Durchmesser ausstechen. Auf das vorbereitete Backblech legen, nach Belieben mit Eigelb bestreichen und die *scones* 10–12 Minuten goldbraun backen.

Quittenkonfitüre

Quitten sind etwas größer als Holzäpfel. Man kann aus ihnen eine herrliche Konfitüre mit zartem Geschmack bereiten.

Ergibt etwa 2,3 kg
Zubereitungszeit: 10 Minuten
Garzeit: 30 Minuten, plus Zeit zum Abkühlen

1,8 kg Quitten
Grober Zucker (Menge s. Rezept)
1 gehäufter TL Gewürznelkenpulver

Die Früchte waschen und in grobe Stücke schneiden. In einen Topf mit 4 l Wasser geben. Aufkochen und dann köcheln, bis die Früchte weich sind. Abkühlen lassen und durch ein Sieb passieren.

Die Fruchtmasse abwiegen und die gleiche Gewichtmenge Zucker dazugeben. In den Topf zurückgießen und unter ständigem Rühren wieder aufkochen. Gewürznelkenpulver dazugeben und weiterkochen.

Nach etwa 10 Minuten testen, ob die Masse geliert (s. Sevilla-Marmelade, S. 24).

Die Konfitüre in warme, trockene, keimfreie Gläser füllen und sofort mit einem Schraubdeckel verschließen oder Cellophanpapier darüberspannen.

Zarte Biskuits (melting moments)

MIT SCHOKOLADE ÜBERZOGEN

Wenn man reine Biskuits bevorzugt, kann man die Schokolade weglassen.

Ergibt etwa 40 Stück
Zubereitungszeit: 20 Minuten
Backzeit: 15 Minuten, plus Zeit zum Abkühlen und Dekorieren

55 g Puderzucker, gesiebt
225 g Butter
55 g Maisstärke
170 g Mehl
30 g Pflanzenfett
2 TL abgeriebene unbehandelte Orangenschale
225 g bittere Schokolade (oder halb bittere, halb Milchschokolade)

Den Backofen auf 180 °C (Gasherd Stufe 2-3) vorwärmen und ein Backblech mit etwas Butter leicht einfetten.

Butter und Puderzucker in einer Schüssel schaumig rühren. Zuerst die Maisstärke, dann das Mehl nach und nach hineinrühren.

Die Masse in einen Spritzbeutel mit gezackter Tülle füllen und auf das vorbereitete Backblech kleine Sterne drücken. 10-15 Minuten goldbraun backen. Auf einem Gitterrost abkühlen lassen.

Pflanzenfett, Orangenschale und Schokolade im Wasserbad erwärmen. Gut verrühren, bis Fett und Schokolade geschmolzen sind.

Die Hälfte eines jeden Biskuits in die Schokoladenmischung tauchen. Man kann auch mit einem Pinsel eine dekorative Form in die Mitte eines jeden Sterns malen oder einen breiten Streifen am Rand entlang.

LICHT UND SCHATTEN
Wärmende Sonnenstrahlen dringen durch alle Ritzen.

KALTE SUPPEN

Kalte libanesische Suppe

Diese und die drei folgenden kalten Suppen kann man schon einen Tag im voraus zubereiten; langes Kaltstellen verbessert sie sogar. Die libanesische Suppe aus Gurken und Joghurt ist so erfrischend wie Salat.

Für 6 Personen
Zubereitungszeit: 20 Minuten
(24 Stunden im voraus)

2 große Gurken (mit einwandfreier Schale)
2 EL Estragonessig
2 Knoblauchzehen, zerdrückt
100 g griechischer Joghurt, leicht geschlagen
150 ml Sahne
300 ml kräftige Gemüsebrühe
1 TL Essiggurke, feingehackt
1 rote Zwiebel, geschält und feingehackt
120 g Garnelen, geschält und gekocht
2 EL Petersilie, gehackt (zum Garnieren)

Die Gurken waschen, trockentupfen, halbieren, entkernen und grob raspeln. In einer großen Schüssel mit Essig und Knoblauch mischen. Joghurt, dann Sahne und zuletzt die kalte Gemüsebrühe unterrühren.

Die Suppe gut würzen und die Zwiebel, mit Essiggurke vermischt, hineingeben. Über Nacht in den Kühlschrank stellen. Kurz vor dem Servieren die Garnelen hinzufügen, abschmecken und die gehackte Petersilie darüberstreuen.

Brunnenkresse-Suppe

Diese Suppe schmeckt heiß oder kalt gleich köstlich.

Für 8 Personen
Zubereitungszeit: 10 Minuten
Garzeit: 35 Minuten
(24 Stunden im voraus)

2 große Bündel Brunnenkresse
450 ml Gemüsebrühe
50 g Butter
1 große Zwiebel, geschält und gehackt
30 g Mehl
300 ml Milch
1 gehäufter TL Dijon-Senf
1 TL Estragonessig
300 ml Sahne
Salz und Pfeffer

Die Brunnenkresse gründlich waschen und mit den Stengeln hacken. Die schönsten Blätter für die Garnitur beiseite legen.

Die Hälfte der Kresse mit der Gemüsebrühe und 300 ml Wasser in einen Topf geben. Aufkochen, dann die Hitze reduzieren und 20 Minuten sanft köcheln. Vom Herd nehmen und erkalten lassen.

Die Butter in einem Topf schmelzen, die restliche Brunnenkresse hineingeben. 5 Minuten leicht dünsten, die Zwiebel dazugeben und nochmals 5 Minuten dünsten.

Zuerst das Mehl, dann nach und nach die Milch hineinrühren, so daß eine weiße Sauce entsteht. 1–2 Minuten köcheln, dann Senf und Essig hinzufügen. Erkalten lassen.

Beide Brunnenkresse-Mischungen zusammengießen und im Mixer pürieren. Die Sahne hineinrühren und die Suppe im Kühlschrank sehr kalt werden lassen.

Mit der beiseite gelegten Brunnenkresse garniert servieren.

Joghurtsuppe mit Minze

Frische Minzblätter verleihen Sahne und griechischem Joghurt eine besondere Note. Wenn möglich grüne Minze verwenden. Auch Zitronenmelisse eignet sich für diese Suppe.

Für 6 Personen
Zubereitungszeit: 5 Minuten
(24 Stunden im voraus)

600 ml griechischer Joghurt
300 ml Sahne
½ TL gerösteter Kreuzkümmel, gemahlen
450 ml Gemüsebrühe
1 TL Zitronensaft
1 TL Limonensaft
Etwa 12 frische Minzblätter
Salz und Pfeffer

Joghurt mit einer Gabel cremig und glatt rühren. Nach und nach Sahne, Kreuzkümmel, kalte Gemüsebrühe, Zitronen- und Limonensaft hineinschlagen. Gut würzen und die Suppe im Kühlschrank sehr kalt werden lassen.

Kurz vor dem Servieren die Minzblätter aufeinanderlegen, rollen und in feine Streifen schneiden, dann auf die Suppe streuen.

Kalte Aprikosensuppe

Für 8 Personen
Zubereitungszeit: 20 Minuten
(24 Stunden im voraus)

220 g getrocknete Aprikosen
350 g frische Aprikosen, entsteint
80 g extrafeiner Zucker
850 ml trockener Weißwein
Saft und abgeriebene Schale von
½ unbehandelten Zitrone
Saft und abgeriebene Schale von
½ unbehandelten Limone
300 ml Sahne, gekühlt
Petersilie, feingehackt (zum Garnieren)

Die getrockneten Aprikosen sollten fleischig und ihre Haut nicht zu runzlig sein. Die acht schönsten Aprikosen davon beiseite legen. Über die anderen siedendes Wasser gießen, bis sie bedeckt sind, und quellen lassen. Dann abgießen und kalt abspülen.

Die frischen und die getrockneten Aprikosen in einem Mixer fein pürieren.

Den Zucker im Weißwein auflösen und zur Aprikosenmasse geben. Nochmals mischen und dann Saft und Schale der halben Zitrone und der halben Limone hinzufügen. Im Kühlschrank sehr kalt werden lassen.

Die Suppe mit Sahne verquirlen und garniert mit Petersilie und sehr dünn geschnittenen Aprikosen servieren.

Joghurtsuppe mit Minze (linke Seite links und S. 55)
Brunnenkresse-Suppe (linke Seite Mitte und S. 55)
Kalte Aprikosensuppe (linke Seite rechts)

GEMÜSE UND KRÄUTER

Spargeltörtchen

Ergibt 16 Stück
Zubereitungszeit: 20 Minuten
Backzeit: etwa 15 Minuten

225 g Mehl
½ TL Salz
150 g weiche Butter
350 g junger Spargel, geschält
8 Eier
150 ml Crème double
Salz
½ TL frisch gemahlener schwarzer Pfeffer
Eiswasser

Den Backofen auf 200 °C (Gasherd Stufe 3 - 4) vorheizen. 16 Törtchenformen von etwa 8 cm Durchmesser mit etwas Butter einfetten.

Für die Teigzubereitung das Mehl mit dem Salz in eine Schüssel sieben, dann mit 115 g Butter zu Krümeln verkneten.

Etwas Eiswasser dazugießen und zu einem weichen, aber nicht klebrigen Teig verkneten. Diesen auf einer bemehlten Fläche etwa ½ cm dick ausrollen. Mit den Törtchenformen den Teig ausstechen, ihn dann leicht in die Formen drücken und mehrmals einstechen. Mit Butterbrotpapier belegt und mit Bohnenkernen beschwert 10 Minuten blindbacken. Bohnen und Papier entfernen und weitere 5 Minuten backen, bis die Törtchen goldgelb sind.

Unterdessen die Füllung zubereiten: Den Spargel dämpfen, bis er fast weich ist. 32 unbeschädigte Spargelspitzen abschneiden und beiseite legen. Den Spargel zerdrücken und in einem trokkenen Topf leicht erwärmen.

Die Eier gut schlagen und die Sahne unterrühren. Mit Salz und frisch gemahlenem Pfeffer würzen.

Die restliche Butter in einer schweren Bratpfanne schmelzen. Die Eiermischung hineingeben und bei schwacher Hitze ständig rühren, bis die Mischung zu stocken beginnt, aber noch viel Flüssigkeit enthält. Den gewärmten Spargel dazugeben und mit einem Holzlöffel kräftig unterrühren.

Die Füllung in die Törtchen löffeln und diese mit zwei kreuzweise gelegten Spargelspitzen garniert servieren.

Hinweis: Die Teigtörtchen kann man im voraus backen und in einem luftdichten Gefäß aufbewahren. Vor dem Gebrauch bei niedriger Temperatur im Ofen erwärmen.

Neue Kartoffeln mit Kräutern

Für 6 Personen
Zubereitungszeit: 15 Minuten
Garzeit: etwa 20 Minuten

1 kg neue Kartoffeln
60 g frische Petersilie, gehackt
30 g frischer Schnittlauch, gehackt
30 g frisches Koriandergrün, gehackt
100 g Butter
Salz und Pfeffer

Die Kartoffeln mit einer Bürste gründlich säubern und in einen großen Topf mit kochendem Salzwasser geben. Etwa 20 Minuten kochen, bis sie gar sind. Abgießen und warm halten.

Die Butter in einer gewärmten Servierschüssel schmelzen und die gemischten Kräuter darüberstreuen. Die Kartoffeln hineinlegen, gut würzen und die Schüssel schütteln, bis alle Kartoffeln von der Kräuterbutter bedeckt sind.

Prinzeßböhnchen

MIT VINAIGRETTE AUS KAPERNBLÄTTERN

Für 4 - 6 Personen
Zubereitungszeit: 15 Minuten
Garzeit: 5 Minuten

1 kleine Dose (115 g) Kapernblätter
(ersatzweise etwa 120 g Kapuzinerkresse)
700 g junge grüne Bohnen, geputzt
Steinsalz
4 EL Olivenöl, erste Pressung
1 EL japanischer Reisessig
1 EL Crème fraîche
2 gehäufte TL Dijon-Senf
2 - 3 EL Milch
Salz und Pfeffer

Die Kapernblätter sorgfältig von den Stengeln entfernen und grobhacken. In einem großen Topf Wasser aufkochen, salzen und die Bohnen dazugeben. Etwa 4 Minuten kochen, dabei umrühren, dann die Bohnen abgießen und unter kaltem Wasser abschrecken. In eine warme Servierschüssel geben.

Alle übrigen Zutaten mit den Kapernblättern mischen und, wenn nötig, mit Milch verdünnen. Die Sauce nach Belieben abschmecken und über die Bohnen gießen.

GRÜNE WIESEN *(rechte Seite)*
Saftige Wiesen laden zu einem gemütlichen Picknick ein.

Sommergemüse

KNACKIG ZUBEREITET

Für 6 Personen
Zubereitungszeit: 20 Minuten
Garzeit: etwa 5 Minuten

2 Bund Frühlingszwiebeln
3 - 4 EL Sesamöl
60 g Butter
15 g Steinsalz
1 TL frisch gemahlener schwarzer Pfeffer
30 g frischer, ungeschälter Ingwer, feingeraspelt
Saft von 1 kleinen Limone
170 g Zuckererbsen, geputzt und der Länge nach halbiert
120 g junge Karotten, gesäubert und in feine Streifen geschnitten
1½ große feste Selleriestangen, geputzt und in dünne Scheiben geschnitten
120 g feine grüne Bohnen, geputzt
100 g Kürbiskerne, geröstet
1 EL Petersilie, gehackt (zum Garnieren)
Knoblauch, feingehackt (zum Garnieren)

Die grünen Spitzen der Frühlingszwiebeln in Ringe schneiden und beiseite stellen, die Zwiebeln halbieren.

Sesamöl und Butter in einem Wok (oder einer großen Schwenkpfanne) leicht erwärmen. Die Frühlingszwiebeln und je die Hälfte von Salz, Pfeffer, Ingwer und Limonensaft beifügen. Sanft dünsten, bis die Zwiebeln glasig, aber noch nicht ganz weich sind.

Die Hitze steigern, alles Gemüse hinzufügen, rühren und schwenken, bis alles gut mit der Öl-Butter-Mischung bedeckt ist. In etwa 3 - 5 Minuten *al dente* kochen.

Dann die zweite Hälfte der Gewürze und des Limonensafts dazugeben. Die Kürbiskerne hineinrühren. In eine warme Servierschüssel geben und mit Petersilie, Knoblauch und Frühlingszwiebel-Ringen garnieren.

Puffbohnen

MIT PINIENKERNEN UND BASILIKUMSAUCE

Für 8 Personen
Zubereitungszeit: 20 Minuten
Garzeit: etwa 10 Minuten

50 g Butter
50 g Mehl, gesiebt
gut ½ l Milch
1 TL Dijon-Senf
1½ TL japanischer Reisessig
3 gehäufte EL Pesto
3,5 kg junge, zarte Puffbohnen, enthülst
120 g Pinienkerne
10 Basilikumblätter, fein geschnitten
Salz und Pfeffer

Die Butter in einer schweren Bratpfanne bei schwacher Hitze schmelzen. Das Mehl hineinrühren und 3 Minuten unter ständigem Rühren anschwitzen.

Die Pfanne vom Herd nehmen und nach und nach ein Drittel der zuvor erhitzten Milch in die Mehlmischung rühren. Die Pfanne zurück auf den Herd stellen und die dickerwerdende Masse schlagen. Diesen Vorgang wiederholen, bis alle Milch aufgebraucht ist. Senf, Reisessig und Pesto vorsichtig unterrühren.

Die Bohnen in leicht gesalzenes, kochendes Wasser geben und 3 Minuten weiterkochen. Abgießen und unter kaltem Wasser kurz abschrecken. In eine vorgewärmte Servierschüssel füllen und mit Pinienkernen bestreuen.

Die Sauce über die Bohnen gießen und das Gericht mit feingeschnittenen Basilikumblättern und Pinienkernen garnieren.

FISCH UND FLEISCH

Zuckererbsen

MIT GARNELEN UND FALSCHEM KAVIAR

Für 6 Personen
Zubereitungszeit: 15 Minuten
Garzeit: 5 Minuten

900 g Zuckererbsen, geputzt
350 g frische (nicht tiefgefrorene) Garnelen, geschält, gesäubert und gekocht
1½ EL Crème fraîche
2 Zweige Dill (zum Garnieren)
10 Borretschblüten

Für die Vinaigrette:
3 EL Öl
1 EL Essig
2 gehäufte TL Dijon-Senf
Saft von ½ Zitrone
½ TL Zucker
1 kleines Glas (115 g) schwarzer falscher Kaviar (z. B. Seehasenrogen)
Salz und Pfeffer

Die Zuckererbsen in leicht gesalzenes, kochendes Wasser geben und 2 Minuten unter ständigem Rühren blanchieren. Abgießen und unter kaltem Wasser kurz abschrecken.

In eine Glasschüssel füllen und die Garnelen darüber verteilen.

Eine Vinaigrette zubereiten aus Öl, Essig, Senf, Zitronensaft und Zucker sowie Salz und Pfeffer nach Belieben.

Sommergemüse, knackig zubereitet (linke Seite links und S. 59); *Puffbohnen mit Pinienkernen und Basilikumsauce* (linke Seite Mitte), *Zuckererbsen mit Garnelen und falschem Kaviar* (linke Seite rechts)

Den falschen Kaviar hineinrühren; ein wenig davon zum Garnieren aufbewahren.

Kurz vor dem Servieren die Vinaigrette über Erbsen und Garnelen gießen, alles durch leichtes Schütteln vermischen. Mit einem Klecks Crème fraîche, falschem Kaviar, Dill und Borretschblüten garnieren und sofort servieren.

Hinweis: Wenn der Salat zu früh angemacht wird, verfärbt der falsche Kaviar die Garnelen.

Buchweizen-Pfannkuchen

MIT GERÄUCHERTEM AAL UND SAURER SAHNE

Mit der Füllung kann sich jeder selbst bedienen.

Ergibt 20 Stück
Zubereitungszeit: 15 Minuten (2 Stunden im voraus)
Garzeit: etwa 40 Minuten

115 g Buchweizenmehl
115 g steingemahlenes Vollkornmehl
1 TL Salz
2 Eier, geschlagen
gut ½ l fettarme Milch
2 unbehandelte Zitronen
2 unbehandelte Limonen
2 Bund Frühlingszwiebeln
250 ml saure Sahne
350 g geräucherte Aalfilets, in dünne Scheiben geschnitten
Sonnenblumen-Margarine zum Ausbacken

Die beiden Mehlsorten mit Salz in einer Teigschüssel mischen. In die Mitte eine Mulde drücken und die geschlagenen Eier hineingießen.

Mit einem Schneebesen nach und nach die Milch in die Mischung rühren, dabei jeweils eine kleine Menge Mehl vom Rand mit hineinrühren, bis der Teig glatt ist und sich leicht gießen läßt (möglicherweise braucht man etwas Milch zusätzlich). Mindestens 2 Stunden stehenlassen.

Die Zitronen und Limonen in jeweils zwölf Scheiben schneiden. Die Frühlingszwiebeln putzen und waschen und samt den grünen Lauchblättern in etwa 3 mm dicke Stücke schneiden und in eine Schüssel legen. Die saure Sahne in eine andere Schüssel gießen.

Die Räucheraal-Schnitten auf einer großen Servierschüssel auslegen und mit den Zitronen- und Limonenscheiben garnieren.

Etwas Sonnenblumen-Margarine in einer kleinen Pfanne schmelzen. Nur so viel Teig hineingießen, daß der Boden der Pfanne bedeckt ist; dabei die Pfanne nach allen Seiten neigen.

Die Pfannkuchen etwa 1 Minute backen, bis kleine Blasen an der Oberfläche entstehen, dann in der Luft wenden und die andere Seite backen. Auf eine warme Servierplatte geben, mit Folie bedecken und im schwach geheizten Ofen warm halten.

Alle Pfannkuchen auf diese Weise backen und im Ofen warm halten, dabei jeweils ein Blatt Küchenpapier zwischen die Pfannkuchen legen. Pfannkuchen und Beilagen getrennt servieren. Man kann dann nach Belieben etwas saure Sahne auf jeden Pfannkuchen geben, darauf eine Schnitte Aal und ein wenig von den Frühlingszwiebeln, kann Zitronen- oder Limonensaft darüberträufeln und den Pfannkuchen einrollen.

Heilbuttsteaks

MIT MEERFENCHEL

Für 6 Personen
Zubereitungszeit: 5 Minuten
Garzeit: etwa 35 Minuten

6 Heilbuttsteaks von je 170 g
125 ml Crème double
2 Eigelb
½ TL Maisstärke
6 EL Noilly-Prat oder anderer trockener Wermutwein
Saft von ½ Zitrone
Saft von ½ Limone
Salz und Pfeffer
900 g frischer Meerfenchel (auch Queller kann verwendet werden)

Den Ofen auf 200 °C (Gasherd Stufe 3–4) vorwärmen und die Heilbuttsteaks in eine leicht geölte, feuerfeste Keramikform legen.

Sahne, Eigelb und Maisstärke auf niedriger Hitze im Wasserbad rühren, bis die Mischung dick wird. Noilly-Prat, Salz und Pfeffer nach Belieben sowie Zitronen- und Limonensaft beifügen.

Die Sauce über den Fisch gießen, mit Alufolie bedecken und 20 Minuten backen. Dann die Folie entfernen und die Ofentemperatur auf 220 °C (Gasherd Stufe 4–5) erhöhen und weitere 5 Minuten backen. Die Form aus dem Ofen nehmen und warm stellen. Den Meerfenchel sorgfältig waschen und in einen großen Topf mit ungesalzenem, kochendem Wasser geben. 2–3 Minuten kochen, dabei häufig umrühren, dann gut abtropfen lassen und auf 6 vorgewärmten Tellern zu Nestern formen.

Die Steaks in die Mitte der Nester legen und die Sauce extra servieren.

Lachs

MIT FRISCHEM INGWER UND SENFBLÜTENSAUCE

Wenn Senfblüten nicht erhältlich sind, kann man auch andere Blüten oder Kräuter zum Garnieren verwenden.

Für 6 Personen
Zubereitungszeit: 10 Minuten
Garzeit: etwa 15 Minuten

6 frische Lachssteaks von je 170 g
1 Flasche (700 ml) trockener Weißwein
1 EL frischer Ingwer, geraspelt
Salz
Frisch gemahlener schwarzer Pfeffer

Für die Sauce:
300 ml Milch
2 EL Senfblüten
1 EL Butter
1 TL Englisches Senfpulver
2 EL Mehl
½ EL Weißweinessig

Erst die Sauce vorbereiten: In einem kleinen Topf die Milch bis knapp vor dem Siedepunkt erhitzen, die Senfblüten hineingeben, zwei davon für die Garnierung aufbewahren. Den Topf vom Herd nehmen und die Blüten 10 Minuten ziehen lassen.

Die Lachssteaks mit Salz und schwarzem Pfeffer würzen. Den Wein mit dem Ingwer in einem Topf erhitzen, aber nicht kochen. Den Fisch hineingeben, zudecken und knapp vor dem Siedepunkt etwa 8 Minuten ziehen lassen.

Inzwischen die Sauce zubereiten: Die Butter bei schwacher Hitze in einer schweren Pfanne schmelzen. Senfpulver und Mehl hinzufügen und 3 Minuten unter ständigem Rühren anschwitzen. Den Essig hineingeben und langsam rühren. Nach und nach die Milch mit den Blüten dazugießen und die Mischung aufkochen. Würzen und warm stellen.

Den Fisch aus dem Wein nehmen und den Ingwer abseihen (man kann den Wein für Fischsud aufbewahren, auch tiefgekühlt). Die Lachssteaks auf eine warme Platte legen und mit dem Ingwer bestreuen. Mit der Sauce überziehen, mit den beiseite gelegten Blüten garnieren und servieren.

Croissant-Füllung

Häufig denkt man bei Croissants an süßes Gebäck, aber jede Art und Kombination von Füllung – ob süß oder salzig – eignet sich für den vielseitig verwendbaren Croissant-Teig (S. 52).

Für 12 Croissants
Zubereitungszeit: 15 Minuten
Garzeit: 10 Minuten

6 Streifen roh geräucherter Rückenspeck
12 frische Pflaumen, entsteint
12 getrocknete Aprikosen
50 g Butter
30 g Mehl
150 ml Milch
120 g geräucherter Schellfisch, in Flocken zerteilt
120 g Zuckermais
Salz und Pfeffer

Den Speck braten, aus der Pfanne nehmen und beiseite stellen. Das ausgebratene Fett in der Pfanne warm halten.

In einer Schale die Pflaumen und Aprikosen mit kochendem Wasser bedecken. Aufquellen lassen, aus dem Wasser nehmen, trockentupfen und feinhacken.

Pflaumen und Aprikosen nacheinander in das ausgebratene Fett geben, umrühren und wieder herausnehmen. Nach Belieben würzen.

Die Butter in einem kleinen Topf schmelzen und das Mehl darin 1 Minute lang anschwitzen, dann nach und nach unter ständigem Rühren die Milch hineingeben und zum Sieden bringen. 2 Minuten köcheln, dann abschmecken. Die Schellfisch-Flocken und den abgegossenen Zuckermais dazugeben und alles gut mischen (es sollte ziemlich dickflüssig werden).

Die etwas abgekühlten Croissants aufschneiden. In die eine Hälfte der Hörnchen jeweils einen Speckstreifen legen und abwechselnd mit Aprikosen und Pflaumen füllen, die andere Hälfte mit der Fischmischung.

Sofort servieren.

Schweinefilet

MIT SALBEIBUTTER

Für 4 Personen
Zubereitungszeit: 10 Minuten
Garzeit: etwa 20 Minuten

3 EL gutes Pflanzenöl
700 g Schweinefilet, in 1 cm dicke Stücke geschnitten
Saft von 2 Zitronen
10 Salbeiblüten (zum Garnieren)

Für die Salbeibutter:
50 g Butter
30 g zarte junge Salbeiblätter, gehackt
1 EL Limonensaft
4 EL Sahne
4 EL Crème fraîche
Salz und Pfeffer

Öl in einer schweren Pfanne bei mäßiger Hitze erwärmen und die Filetstücke unter Rühren anbraten, bis sie rundum braun sind, dann Zitronensaft dazugießen.

Noch etwa 8 Minuten unter Rühren braten, bis das Fleisch so gar ist, wie man es möchte.

Die gut abgetropften Schweinefiletstücke in eine vorgewärmte Servierschüssel legen. Zudecken und warm halten, während man die Salbeibutter zubereitet.

Die Butter bei mäßiger Hitze in einer Bratpfanne schmelzen und die Salbei-

blätter 2 Minuten darin sautieren. Limonensaft darüberträufeln und 30 Sekunden rühren. Die Hitze verstärken und weitere 30 Sekunden lang rühren, dann die Hitze zurücknehmen und zuerst die Sahne, dann die Crème fraîche dazugeben, nach Belieben mit Salz und Pfeffer abschmecken. Erwärmen, aber nicht kochen.

Zum Servieren die Salbeibutter über die Filetstücke gießen und mit den Salbeiblüten garnieren.

DUFTENDE KRÄUTER
Rosmarin, Salbei, Schnittlauch und Dill verfeinern nicht nur die Speisen, ihre zarten Blüten und Blätter sind auch eine reizvolle Dekoration.

Lamm im Tontopf

MIT LAVENDEL UND HEU

Für 6 Personen
Zubereitungszeit: 10 Minuten
Garzeit: 20 Minuten pro 450g bei halb durchgebratenem Fleisch,
25 Minuten bei durchgebratenem

1 Lammkeule oder Lammlende von 1,8–2,3 kg, entbeint
Etwa 24 Lavendelblüten und -stengel
1 Büschel Heu, etwa 6 cm dick
115 g Butter
Salz und Pfeffer

Den Ofen auf 220 °C (Gasherd Stufe 4–5) vorwärmen. Acht flache Schnitte ins Lammfleisch machen und in jeden Schnitt eine Lavendelblüte legen.

Das Heubüschel unter fließendem kaltem Wasser waschen und leicht trockenschütteln. Das noch feuchte Heu zu einem Nest biegen und in einen Tontopf (Römertopf) legen. Den übrigen Lavendel über das Heu streuen, dabei die schönsten Lavendelzweige für die Garnierung beiseite legen.

Das Lamm rundherum mit Butter einstreichen und kräftig würzen. Ins Heunest legen und tief hineindrücken. 4 Eßlöffel Wasser über das Lamm gießen und den Deckel auf den Tontopf setzen.

Man rechnet 20 Minuten Bratzeit pro 450 g Lamm bei halb durchgebratenem Fleisch, 25 Minuten pro 450 g bei durchgebratenem. Für die letzten 10 Minuten der Bratzeit den Deckel abnehmen. Das fertige Lamm auf eine vorgewärmte Platte legen. Vorsichtig das Heu aus dem Tontopf entfernen. Den Bratensaft abseihen, kurz aufkochen und abschmecken. In einem Kännchen zum Fleisch reichen.

Das Lamm vor dem Servieren mit ein paar frischen Lavendelzweigen garnieren.

Lamm im Tontopf mit Lavendel und Heu (linke Seite)
WILDER LAVENDEL *(oben)*

OBST UND BLÜTEN

Stachelbeercreme

Eine erfrischende Creme aus säuerlichen Früchten und milder Sahne

Für 6 Personen
Zubereitungszeit: 20 Minuten
Garzeit: 10 Minuten
Kühlzeit: 3 Stunden

450 g reife Stachelbeeren
85 g extrafeiner Zucker
85 g Puderzucker
3/4 TL gemahlener Ingwer
1 unbehandelte Orange
450 ml Crème double, leicht geschlagen

Die Stachelbeeren sauberzupfen. Waschen, aber nicht das ganze Wasser abschütteln.

Die beiden Zuckersorten mit 150 ml Wasser bei mäßiger Hitze in einer schweren Pfanne erwärmen und die Beeren dazuschütten. Zum Sieden bringen und sanft köcheln, bis Beeren und Wasser zu einer homogenen Masse verkocht sind. Vom Herd nehmen und abkühlen lassen.

Dann den Ingwer hineinrühren und das Ganze in einem Mixer pürieren. Durch ein feines Sieb streichen, um die Kerne zu entfernen.

Von der unbehandelten Orange 1 Teelöffel Schale abreiben und 1 Teelöffel Saft auspressen. Schale und Saft zum Stachelbeerbrei geben und dann die Sahne darunterziehen. Mindestens 3 Stunden kalt stellen.

Sehr kalt servieren, am besten mit leichten Ingwer-Biskuits.

Marzipan-Erdbeeren

Erdbeeren eignen sich besonders gut für diese Leckerei, weil sie fest und groß genug sind. Man kann aber auch andere weiche Früchte wie große Loganbeeren oder entkernte Kirschen dafür verwenden.

Wer nicht die Zeit hat, Marzipan herzustellen, kann auch fertige Marzipan-Rohmasse verwenden.

Ergibt 12 - 20 Stück
Zubereitungszeit: 25 Minuten
(4 Tage im voraus)

12 - 20 Erdbeeren je nach Größe
(s. unten)
220 g dunkle Schokolade

Für das Marzipan:
220 g extrafeiner Zucker
1 Prise Weinstein
220 g sehr fein gemahlene Mandeln
½ TL Zitronensaft
Einige Tropfen konzentriertes Rosenwasser (nach Belieben)
1 TL rote Lebensmittelfarbe (nach Belieben)
1 TL grüne Lebensmittelfarbe (nach Belieben)
50 g Puderzucker, gesiebt

Das Marzipan zwei Tage im voraus zubereiten. Den Zucker mit 125 ml Wasser in einem schweren Stieltopf zum Kochen bringen, gut rühren, damit der Zucker schon vor dem Kochen aufgelöst ist. Weinstein in etwas Wasser auflösen und dazugeben. Ein Einmachthermometer in den Topf hängen und die Masse kochen, bis sie 116 °C erreicht.

Vom Herd nehmen und die gemahlenen Mandeln sowie Zitronensaft und eventuell Rosenwasser hineinrühren. Es dürfen dabei keine Klümpchen entstehen. Die Paste zu einer Kugel rollen. Will man das Marzipan färben, macht man zwei kleinere Kugeln und färbt sie nach Belieben.

Wenn die Paste kühl ist, auf einer mit gesiebtem Puderzucker bedeckten Fläche glattkneten.

In Butterbrotpapier oder Folie wickeln, in einen luftdichten Behälter legen und 36 Stunden stehenlassen.

Feste, reife Erdbeeren möglichst gleicher Größe auswählen. Je größer sie sind, um so weniger Erdbeeren braucht man. Frucht und Stiel sollten unversehrt sein. Mit einem feuchten Tuch sauberwischen.

Die Marzipanpaste möglichst dünn ausrollen und davon für jede Erdbeere einen Kreis ausschneiden, groß genug, um zwei Drittel der Frucht zu bedecken. Die Marzipanscheiben über die Spitzen der Erdbeeren stülpen und andrücken, so daß etwa zwei Drittel der Frucht bedeckt sind.

Die Schokolade im Wasserbad auf schwacher Hitze schmelzen. Wenn sie ganz geschmolzen, aber noch glänzend ist, die Erdbeeren am Stiel fassen und beliebig tief in die Schokolade tauchen. Mit der Spitze nach unten auf einem Gitter trocknen lassen.

Marzipan-Erdbeeren (linke Seite und oben); *Kandierte Blütenblätter und Blumen* (oben und S. 47)
KÜHLE BLAUTÖNE *(linke Seite)*

Sorbet von Rosé und Rosenblüten

Ihr berauschender Duft machte die Rosen seit jeher zu einer besonders im Orient beliebten Zutat für Süßspeisen und Gebäck. Man verwendet vor allem die Blütenblätter alter Rosensorten – ihr Duft ist besonders intensiv.

Für 6 Personen
Zubereitungszeit: 30 Minuten
(24 Stunden im voraus)

2 – 3 TL konzentriertes Rosenwasser
24 junge weiße und rosarote, stark duftende Rosenblütenblätter (nach Belieben einige für die Garnierung)
200 g extrafeiner Zucker
450 ml Roséwein
2 Eiweiß

Das Rosenwasser in 150 ml Wasser geben und in einem Topf mäßig warm werden lassen.

Wenn die Rosenblüten nicht mehr jung sind, die weißen Ansätze der Blütenblätter mit einer Schere abschneiden. Die Blütenblätter in der Flüssigkeit 5 Minuten blanchieren, dann in kaltem Wasser abschrecken, gut abtropfen lassen und mit Küchenpapier trockentupfen.

170 g Zucker mit 450 ml Wasser in einem Topf unter Rühren langsam erhitzen, bis der Zucker ganz aufgelöst ist. Dann die Mischung aufkochen, die Hitze zurücknehmen und 3 Minuten köcheln. Vom Herd nehmen und abkühlen lassen.

Den Wein in den kühlen Sirup rühren und das Ganze in ein Tiefkühlgefäß geben. Gefrieren lassen, bis es eine breiige Konsistenz hat, dabei von Zeit zu Zeit umrühren.

Das Eiweiß mit dem restlichen Zucker steif schlagen und unter die Rosé-Masse heben. Die blanchierten Blütenblätter möglichst gleichmäßig hineinstreuen. Wieder einfrieren, bis alles fest ist.

Die verbleibenden Blütenblätter kandieren (S. 47) und damit das Sorbet garnieren.

Haselnuß-Roulade

MIT BROMBEEREN UND LOGANBEEREN

Wenn keine Loganbeeren erhältlich sind, kann man Himbeeren verwenden.

Für 6 – 8 Personen
Zubereitungszeit: 30 Minuten
Backzeit: 15 Minuten, plus Zeit zum Füllen und Einrollen

7 Eier, getrennt
200 g extrafeiner Zucker
2 TL Backpulver
170 g gemahlene, trockene Haselnüsse
2 EL Puderzucker, gesiebt
350 ml Crème double
300 g reife Brombeeren
300 g reife Loganbeeren (oder Himbeeren)
1 EL Cassis-Likör
Brombeerzweige (zum Garnieren, nach Belieben)

Den Ofen auf 180 °C (Gas Stufe 2 – 3) vorwärmen. Eine etwa 25 x 45 cm große Kuchenform ölen und mit ebenfalls geöltem Butterbrotpapier so auslegen, daß das Papier mindestens 5 cm über den Rand vorsteht.

Das Eigelb in einem Mixer schaumig schlagen. Nach und nach Zucker hinzufügen und mindestens 5 Minuten schlagen, bis die Masse dick und cremig ist und auf der Oberfläche Streifen zeigt.

Die Haselnüsse mit Backpulver gründlich vermischen und zur Eimasse in den Mixer geben. Bei niedriger Geschwindigkeit gut vermengen.

Das Eiweiß schaumig schlagen und ein Viertel davon unter die Ei-Nuß-Mischung rühren.

Den Rest steif schlagen und dann vorsichtig mit einem Metallöffel unter die Mischung ziehen. In die vorbereitete Kuchenform füllen und 15 Minuten backen. Abkühlen lassen.

Den abgekühlten Kuchen aus der Form nehmen, dabei zuerst die Seiten lockern. Auf die Arbeitsfläche als Unterlage für den Kuchen zwei Streifen Butterbrotpapier so nebeneinander legen, daß sie überlappen. Das Papier mit der Hälfte des extrafeinen Zuckers bestreuen. Den Kuchen auf das Papier stürzen und das Backpapier von der Unterseite des Kuchens entfernen.

Die Sahne steif schlagen und über den abgekühlten Kuchen streichen. Mit den Beeren bestreuen, dabei die schönsten für die Garnierung beiseite legen.

Mit Hilfe des Papiers den Kuchen von einer Schmalseite her einrollen. Auf eine Servierplatte legen und mit den restlichen Beeren und mit Brombeerzweigen garnieren. Likör über den Kuchen träufeln, mit Puderzucker bestäuben und gleich servieren.

DIE VOLLKOMMENHEIT DER ROSEN
Ein einfacher Rosenstrauß schmückt eine unscheinbare Ecke.

Rubintorte

MIT RINGELBLUMENCREME

Für 8 Personen
Zubereitungszeit: 30 Minuten
(3 Stunden im voraus)
Backzeit: 45 Minuten

100 g rote Johannisbeeren, entstielt
50 g schwarze Johannisbeeren, entstielt
50 g weiße Johannisbeeren, entstielt
175 g Gelee von roten Johannisbeeren oder Aprikosen

Für den Teig:
200 g Mehl
225 g Butter, in kleine Stücke geschnitten
85 g Puderzucker, gesiebt
1 Prise Salz
2 Eigelb

Für die Ringelblumencreme:
575 ml Crème double
140 g extrafeiner Zucker
4 Eier
3 Tropfen Vanille-Essenz
Blütenblätter von 2 Ringelblumenköpfchen

Als erstes den Teig zubereiten. Das Mehl auf eine kühle Arbeitsfläche (am besten Marmor) häufen und in die Mitte eine Mulde drücken.

Die Butter in die Mulde geben und mit den Fingerspitzen weichkneten, dann Zucker und Salz hinzufügen und die Masse in der Mulde gründlich vermischen. Nach und nach das Eigelb dazugeben.

Nun langsam von den Seiten das Mehl untermengen und alles zu einer homogenen Masse verkneten.

Den Teig mit der Handfläche bearbeiten, bis er glatt ist. Zu einer Kugel rollen, zudecken und ein paar Stunden kalt stellen.

Wenn der Teig schön kalt ist, den Ofen auf 220 °C (Gasherd Stufe 4–5) vorwärmen. Den Teig ausrollen und den Boden einer eingefetteten Springform von etwa 25 cm Durchmesser damit auslegen. Mit Bohnenkernen beschweren und 15 Minuten blindbakken. Übriggebliebenen Teig kann man einfrieren.

Unterdessen die Ringelblumencreme zubereiten. In einer Schüssel Sahne, Zucker und Eier vermischen und schlagen. Vanille-Essenz und Blütenblätter dazugeben.

Wenn der Teig fertig gebacken ist, aus dem Ofen nehmen und die Ofentemperatur auf 180 °C (Gasherd Stufe 2–3) zurückstellen. Die Bohnenkerne entfernen, die Ringelblumencreme auf die Torte gießen und weitere 25–30 Minuten backen, bis die Creme fest ist. Aus dem Ofen nehmen. Das Gelee in einem kleinen Topf schmelzen, dann leicht abkühlen lassen.

Die Beeren auslesen, in kaltem Wasser waschen, gut schütteln und auf Küchenpapier trocknen lassen. Die Beeren gleichmäßig über die Creme streuen, dann die Torte mit Gelee überziehen.

Hinweis: Johannisbeeren lassen sich mit einer Gabel leicht von den Stielen streifen.

Haselnuß-Roulade mit Brombeeren und Loganbeeren (links)
Rubintorte mit Ringelblumencreme (rechts)

Herbst

DIE ZEIT DER ERNTEFREUDEN

Der Herbst deckt einen bunten Mantel über Wälder und Fluren und läßt die Natur in allen Farben leuchten – von Zitronengelb bis zu sattem Immergrün, von Kupfer- bis Karmin- und Feuerrot, von Rostbraun bis Orange und Gold. Saftige rote Äpfel, gelbe Quitten und goldene Birnen, mattblaue Schlehen und dicke Heidelbeeren warten darauf, gepflückt zu werden. Vögel finden noch die letzten Leckerbissen an Bäumen und Sträuchern, und überreife Früchte fallen zu Boden und lassen in der Erde neue Pflanzen entstehen. Die Vorräte für die kalte Jahreszeit werden nun geerntet und eingelagert oder verarbeitet: Getreide und Kartoffeln, viele Arten von Kohl, Kürbisse und Rüben, Nüsse und Kastanien. Mit den Erntefrüchten werden zum Erntedankfest Häuser und Kirchen geschmückt.

WINTERVORRAT *(oben)*
BEREIFTE HECKEN *(vorige Seiten)*

Die Eichhörnchen sorgen für ihren Wintervorrat und sammeln eifrig Bucheckern, Eicheln und Nüsse. Sie huschen von Versteck zu Versteck und sind von früh bis spät beschäftigt.

An diesen kühlen Herbsttagen wecken uns in der Morgendämmerung die Schreie der Krähen. Verstummt ist der Chor der Singvögel, nur das unermüdliche Rotkehlchen singt tagaus, tagein aus voller Kehle. Das Gezwitscher der Spatzen, die in Schwärmen in der Dämmerung kreisen, kündigt den Einbruch der Dunkelheit an.

Sammelt man die Samen wildwachsender Blumen und Gräser, die nun welken, hat man im nächsten Jahr seine Freude daran. Man bewahrt sie in beschrifteten Umschlägen auf und hält sie schön trocken, um sie im Frühjahr an einem geeigneten Platz auszusäen. Die Überraschung ist groß, wenn sie dann keimen. Auch Kinder werden ihre Freude daran haben, ihr Wachsen zu beobachten. Kinder können unter Aufsicht im Herbst auch Schilf schneiden und ihre Zimmer damit schmücken; sie werden erstaunt sein, wenn das Schilf nach sechs Wochen nicht mehr schwarz, sondern flauschig weiß ist.

Für die Bauern ist die Ernte der Höhepunkt des Jahres. Sie wird deshalb auf dem Land mit unterschiedlichen Bräuchen gefeiert. In manchen Gegenden ist es üblich, zum Erntedankfest Brot in Form von Zöpfen und Fischen zu backen und die Tische mit Weizengarben zu schmücken. Ein anderer Brauch bereitet Kindern ganz besonderes Vergnügen: Man schnitzt ein Gesicht in einen ausgehöhlten Kürbis, erleuchtet es von innen mit einer Kerze und geht damit im Dunkeln durch die Straßen. Später können die Kinder dann aus den Kürbiskernen Ketten und Collagen machen und sie auf Bilder oder Buchzeichen kleben. Das Kürbisfleisch ergibt schmackhafte Suppen und Gemüse, läßt sich auch für Kuchen verwenden oder, in Essig und Gewürzen eingelegt, konservieren.

Herd- und Kaminfeuer knistern wieder und versprechen gemütliche Stunden im Warmen. Den Duft gebratener Äpfel und Kastanien möchte niemand missen, besonders, wenn man sich nah ans Feuer kuscheln und ihrem Zischen und Knallen zuhören kann. Birnen und Äpfel werden gekocht und gewürzt, in Gläser gefüllt und eingeweckt oder zu köstlicher Konfitüre und Gelee verarbeitet. Man kann noch spät gereifte Beeren sammeln und vielseitig verwenden. Heidelbeeren für Süßspeisen und als Kuchenbelag, für Kompotte und Marmeladen, Holunderbeeren und Schlehen für Wein, Likör und Punsch.

Aus Kartoffeln, Kohl und Pastinaken, Kürbissen und Kastanien lassen sich kräftige, nahrhafte Speisen zubereiten. Blumenkohl, Zucchini, Zwiebeln und Tomaten gibt es zu dieser Jahreszeit reichlich. Als Pickles – mit Gewürzen und Kräutern in Essig eingelegt und in Gläser abgefüllt – sind sie ein beliebtes Geschenk. Man kann sie auch zu Getränken reichen, als willkommenen Ersatz für Erdnüsse und Chips. Wenn Gäste und Kinder bei der Zubereitung mithelfen, kann ein kleines Küchenfest daraus werden.

Fast alle Herbstfrüchte eignen sich dazu, in irgendeiner Form konserviert zu werden; so kann man sie den ganzen Winter über genießen. Grüne Walnüsse kann man süßsauer einlegen – sie sind eine beliebte Beilage zu kaltem Braten. Mandeln röstet und salzt man und bewahrt sie auf, um sie bei Gelegenheit zum Aperitif zu reichen. Legt man roten Knoblauch, von dem die äußeren Schalen entfernt wurden, in Olivenöl ein, erhält man ein delikates Salatöl.

Mit frischen Chillies läßt sich *pilli pilli ho ho* herstellen. Ein paar Tropfen davon beleben Suppen und Eintopfgerichte. Man gibt frische grüne oder rote Chillies in eine langhalsige Flasche, füllt mit Whisky bis oben hin auf und läßt alles mindestens eine Woche ziehen. Vor dem Gebrauch schüttelt man die Flasche. Ist die würzige Flüssigkeit aufgebraucht, füllt man die Flasche erneut – diesmal mit Wodka. So kann man fortfahren – stets mit denselben Chillies, aber jedesmal mit einem anderen Schnaps.

Clementinen kann man in Cointreau einlegen und hat so immer ein überraschendes Dessert bereit. Besonders köstlich schmecken sie zu Eis. Holzäpfel und Quitten eignen sich, ihrer zarten Farbe und ihres feinen Dufts wegen, besonders gut für Gelee.

Wer einmal Schlehen-Gin probiert hat, möchte auf dieses aromatische Getränk sicher nicht mehr verzichten und sammelt die runden, schwarzblauen Früchte, die erst nach dem ersten Frost ihr volles Aroma entwickeln. Auch Preiselbeeren sollte man jetzt pflücken und einkochen. Sie lassen sich mit Portwein oder Brandy verfeinern und schmecken zu den herbstlichen Wildgerichten ebenso gut wie zum Weihnachtsbraten.

Im Herbst ist auch das Angebot an Fischen und Meeresfrüchten sehr reichhaltig. Man kann wieder frische Austern, Miesmuscheln und Jakobsmuscheln genießen. Aus Heringen, Makrelen und Sprotten kann man schnell köstliche Vorspeisen bereiten.

In den Wäldern duftet es jetzt nach Pilzen. Aromatische Speisepilze, aber auch giftige, schießen aus dem Boden.

Pilzkenner suchen nach Steinpilzen und Pfifferlingen, nach Parasolpilzen und Täublingen. Da Pilze noch stark radioaktiv belastet sind, sollte man aber Waldpilze nur in Maßen genießen, Maronen ganz meiden und lieber auf das immer vielseitigere Angebot von Zuchtpilzen zurückgreifen.

Der Herbst ist die Zeit der leckeren Wildgerichte. Ob als Braten, Eintopf oder Pasteten zubereitet, der spezifische kräftige Geschmack von Wildbret läßt es zu einer willkommenen Abwechslung in der Küche und vor allem zu einer Bereicherung festlicher Menüs werden.

Schlehen-Gin

Ergibt zwei Flaschen à 750 ml

Schlehen (Menge s. Rezept)
60 g Gerstenzucker, zerdrückt
120 g Mandelblättchen
1 Flasche (750 ml) Gin

Zum Schlehenpflücken zwei Flaschen mitnehmen und beide bis zur Hälfte mit Früchten füllen.

Die Schlehen waschen, jede mit einer Gabel einstechen und in die trockenen, keimfrei gemachten Flaschen zurückgeben. Gerstenzucker und Mandeln in die Flaschen verteilen und sie bis oben mit Gin auffüllen. Fest verkorken oder verschrauben.

Bei Raumtemperatur mindestens zwölf Wochen stehenlassen und öfter umdrehen, damit der Zucker gelöst wird und die Mandeln gleichmäßig verteilt bleiben.

Direkt aus der Flasche servieren, dabei in jedes Glas 1–2 Schlehen gleiten lassen. Dies ist ein starkes Getränk, man sollte es also vorsichtig genießen.

Gewürzkugeln aus Orangen brauchen etwa 6 Wochen, um hart zu werden, deshalb ist es Anfang November an der Zeit, sie herzustellen, damit sie als Weihnachtsgeschenke bereit sind. Man kann sie auch einfach als hübsche Zimmerdekoration an die Decke hängen.

Gewürzkugeln

1 Streifen Schrägband oder gewöhnliches Band, etwa 30 cm lang
Cocktailspießchen
2 unbehandelte Orangen
60 g ganze Gewürznelken
15 g gemahlene Veilchenwurzel
2 Zierbänder, etwa 30 cm lang und ½–1 cm breit

Das Schrägband symmetrisch um die zwei Achsen jeder Orange binden, so daß sie in vier Teile geteilt erscheint.

Die freien Flächen der Orangen ganz mit Gewürznelken spicken. Dafür mit einem Cocktailspießchen Löcher vorstechen. Etwas Platz zwischen den Nelken lassen, da die Orangen beim Trocknen schrumpfen.

Das Schrägband entfernen, die Orangen in eine Schale legen und mit Veilchenwurzelpulver bestreuen. Dann die Orangen mit einer Schnur an einen Kleiderbügel binden und in einem warmen Raum aufhängen (nicht in der Küche oder in einem Trockenschrank, wo es zu heiß ist). 6 Wochen hängen lassen und etwa alle 2 Tage umdrehen (damit der Saft fließt und die Schale nicht fault), bis sie hart sind.

Überschüssiges Veilchenwurzelpulver abwischen und die Zierbänder auf die freien Streifen legen, wo das Schrägband war. Mit einer hübschen Schleife zusammenbinden.

Das Blau des Sommerhimmels ist dunkleren Türkistönen gewichen. Stürmische Winde und kurze, heftige Regenschauer hinterlassen eigenartige Wolkengebilde – prähistorische Ungeheuer, gewaltige Zusammenballungen und ganze Städte mit bizarren futuristischen Gebäuden segeln mit den Herbstwinden vorbei in einem ständig wechselnden Panorama.

ERNTEFREUDEN

Kürbisse, eingemachte Früchte und Kerzenschein lassen die Herbstfreuden vorausahnen.

Menüs für den Herbst

FRÜHSTÜCK

Kürbis-Ingwer-Kompott (S. 82)
Vollkornbrot mit gegrilltem Brie (S. 87)
Brioches mit eingemachten Quitten und Mispeln (S. 80)
Pfifferling-Omelett (S. 88)

LEICHTES MITTAGESSEN

Soufflé aus Romanesco-Kohl (S. 92)
Meringen mit Reineclauden (S. 99)
Mandelplätzchen (S. 82)

MITTAGESSEN

Austernpilze provençale (S. 88)
Huhn-Paprika-Eintopf (S. 93)
Birnen-Roquefort-Strudel (S. 97)
Gestürzter Apfelkuchen (S. 97)

ZUM TEE

Johannisbrotfinger (S. 83)
Rosmarin-Sultaninen-Brötchen (S. 82)
Holunder-Brombeer-Konfitüre (S. 80)
Karottenkuchen (S. 85)

LEICHTES ABENDESSEN

Gebratene Wachteln mit Brunnenkresse und Ingwer (S. 93)
Gemüse-Julienne mit Orangenglasur (S. 90)
Maronen in Cognac-Sirup (S. 87)

ABENDESSEN

Kürbissuppe mit Knoblauch-Croûtons (S. 90)
Wildente mit Nektarinen und roten Trauben (S. 96)
oder
Perlhuhn mit Sellerie und Äpfeln (S. 94)
Glasierte Pastinaken (S. 92)
Profiteroles mit Veilchencreme-Füllung und Schokoladenguß (S. 100)

VORBEREITUNG

Brioches

Ergibt 12 Stück
Zubereitungszeit: 30 Minuten,
plus 1½ Stunden zum Aufgehen
Backzeit: 20 Minuten,
plus Zeit zum Abkühlen

15 g Trockenhefe oder 25 g Frischhefe
2½ EL Zucker
125 ml lauwarmes Wasser
620 g Weizenmehl, gesiebt
1 TL Salz
4 Eier, geschlagen und 1 Eigelb extra, geschlagen
200 g weiche Butter
3 EL Sahne

Die Hefe in einer Schüssel mit lauwarmem Wasser verrühren (bei Trockenhefe 1 Teelöffel Zucker dazugeben). An einen warmen Ort stellen, bis die Mischung Blasen wirft.

Den restlichen Zucker, Mehl und Salz in einer Schüssel mischen. In die Mitte eine Mulde drücken und die 4 Eier mit der Hefemischung hineingeben. Nach und nach das Mehl von den Rändern hineinarbeiten, bis ein glatter Teig entstanden ist. Den Teig aus der Schüssel nehmen und auf eine leicht bemehlte Fläche legen. 5 Minuten kneten, bis er elastisch ist und sich trocken anfühlt.

Die weiche Butter langsam, Stück für Stück, in den Teig hineinkneten und 1 Stunde aufgehen lassen, bis sich das Teigvolumen fast verdoppelt hat.

Den Teig aus der Schüssel nehmen, die Luft herausklopfen und wieder glattkneten. In 12 Stücke zerteilen.

Den Ofen auf 200 °C (Gasherd Stufe 3–4) vorwärmen und 12 einzelne Brioche-Förmchen (kleine runde Kuchenförmchen mit hohem Rand) einfetten.

Die Förmchen mit den Teigstücken füllen. Dabei zuerst aus etwa Dreiviertel eines jeden Teigstücks eine Kugel rollen und in das Förmchen legen. In die Mitte der Teigkugel mit einem bemehlten Finger ein kleines Loch bohren. Das restliche Teigviertel birnenförmig kneten und mit der Spitze in das vorgebohrte Loch stecken. Alles mit einer Mischung aus geschlagenem Eigelb und Sahne bepinseln.

Etwa 15 Minuten an einem warmen Ort aufgehen lassen, bis die Teigstücke das doppelte Volumen haben. Den unteren Teil der Brioches kreuzweise einschneiden, damit sie beim Backen besser aufgehen können.

Nach etwa 10 Minuten Backzeit die Hitze auf 180 °C (Gasherd Stufe 2–3) zurückdrehen und weitere 10 Minuten backen, bis die Brioches goldbraun sind und beim Klopfen auf die Unterseite hohl klingen.

Aus dem Ofen nehmen und abkühlen lassen, bevor man sie aus den Förmchen nimmt. Falls man die Brioches füllen will, den Deckel entfernen.

Eingemachte Quitten und Mispeln

Die reizvolle altmodische Mispel ist heutzutage eine seltene Frucht; denn Mispelbäume werden kaum noch gepflanzt, sie stehen nur noch in alten Gärten. Doch ihrem zarten Geschmack zuliebe sollte man versuchen, sie zu finden. Ersatzweise kann man Loquats (japanische Mispeln) verwenden, die es frisch zu kaufen gibt.

Ergibt etwa 900 g
Zubereitungszeit: 30 Minuten
Garzeit: 20 Minuten,
plus Zeit zum Abkühlen

7 Quitten
7 Mispeln
Saft und abgeriebene Schale von 4 unbehandelten Orangen
Saft und abgeriebene Schale von 1 Zitrone
1 Zimtstange, in 2–3 Stücke gebrochen
1,1 kg Zucker

Die Quitten schälen und die Kerngehäuse entfernen, dann in grobe Stücke schneiden. Die Mispeln schälen, mit den Quitten in einen großen Topf geben und mit kaltem Wasser bedecken. Vor dem Kochen prüfen, ob alle Kerne entfernt sind.

Zum Sieden bringen und dann leicht köcheln, bis die Früchte weich sind. Abgießen und abkühlen lassen.

Die abgekühlten Früchte in einem Mixer pürieren und in den ausgespülten Topf zurückgeben. Schale und Saft von Zitrone und Orangen sowie Zimt und Zucker hinzufügen. Gut verrühren, dann aufkochen und etwa 10 Minuten lebhaft weiterkochen lassen, bis die Masse zu gelieren beginnt.

Die Zimtstangen-Stücke entfernen und die Fruchtmasse in warme, trokkene, keimfreie Gläser gießen. Verschließen und etikettieren.

Holunder-Brombeer-Konfitüre

Diese kräftige, schön gefärbte Konfitüre hält sich mindestens ein Jahr.

Zubereitungszeit: 30 Minuten
Garzeit: 40 Minuten,
plus Zeit zum Abkühlen

Brombeeren und Holunderbeeren, gewaschen und entstielt (Gewichtsverhältnis 1 : 1)
Einmachzucker (Menge s. Rezept)

Die Früchte wiegen und in einen Einmachtopf geben.

Mit einem Holzlöffel alle Beeren sanft pressen, bis der Saft austritt. Langsam unter ständigem Rühren aufwallen lassen, dann 20 Minuten kochen, gelegentlich umrühren.

Unterdessen pro 450 g Beeren 350 g Einmachzucker abwiegen und kurz im Ofen vorwärmen (dann kommt die Fruchtmasse schneller wieder zum Kochen).

Nach den 20 Minuten den Zucker in den Topf geben, gründlich verrühren, wieder aufwallen lassen und nochmals 20 Minuten kochen, bis die Fruchtmasse geliert.

Die Konfitüre in warme, trockene, keimfreie Gläser füllen und noch heiß verschließen.

Brioches mit eingemachten Quitten und Mispeln

Kürbis-Ingwer-Kompott

Ergibt etwa 1,35 kg
Zubereitungszeit: 30 Minuten
(24 Stunden im voraus)
Garzeit: 30 Minuten,
plus Zeit zum Abkühlen

1 reifer grüner Kürbis, etwa 900 g schwer
900 g Einmachzucker
30 g Ingwerpulver
30 g frische Ingwerwurzel, geschält
1½ große unbehandelte Zitronen
½ TL Cayennepfeffer

Den Kürbis mit einem Kartoffelschäler schälen, halbieren, die Kerne entfernen und das Fleisch in etwa 5 x 3 cm große Stücke schneiden.

In eine tiefe Schüssel legen und mit einer Mischung aus der Hälfte des Zuckers, dem Ingwerpulver und dem frischen Ingwer, der in Streifchen geschnittenen Schale einer halben Zitrone (samt dem Weißen), dem Saft von 1½ Zitronen und dem Cayennepfeffer bedecken. Zudecken und 24 Stunden stehenlassen.

Die Kürbismischung in einen Einmachtopf füllen, den Rest des Zuckers hinzufügen und sehr, sehr langsam erhitzen. Leicht köcheln, bis die Mischung geliert.

Die Kürbisstücke mit einem Kartoffelstampfer zerdrücken, dann in warme, trockene, keimfreie Gläser oder Steinguttöpfe füllen. Verschließen und beschriften.

Rosmarin-Sultaninen-Brötchen

Ergibt 12 Stück
Zubereitungszeit: 20 Minuten,
plus 45 Minuten zum Aufgehen
Backzeit: 15–20 Minuten

250 ml lauwarmes Quellwasser
15 g Trockenhefe
1½ TL klarer Honig
2 EL Weizenkeime
225 g gewöhnliches Weizenmehl
170 g Vollkornmehl
1 Prise Salz
1 TL getrockneter, zerriebener Rosmarin
85 g dicke Sultaninen (ungeschwefelt)
Pflanzenöl zum Einfetten
Weizengrieß zum Bestäuben

Für die Glasur:
2 EL Malzextrakt
oder
1 Eigelb, geschlagen
¼ TL Salz

Eine große Schüssel und ein Backblech leicht einölen. Letzteres mit Grieß bestreuen. Eine weitere Schüssel kurz im Ofen wärmen.

Das lauwarme Wasser in die angewärmte Schüssel geben und die Hefe darüberstreuen. Den Honig hineinrühren und warten, bis die Mischung Blasen wirft. Weizenkeime, beide Mehlsorten, Salz, Rosmarin und Sultaninen hinzufügen. Vorsichtig zu einem Teig rühren.

Diesen Teig in die geölte Schüssel legen und etwa 3 Minuten gründlich kneten. In der Schüssel lassen, mit einem Tuch bedecken und an einem warmen Ort aufgehen lassen, bis etwa das doppelte Volumen erreicht ist.

Mit der Faust den Teig schlagen, damit die Luft entweicht, dann in eine bemehlte Schüssel legen und etwa 5 Minuten ruhen lassen. Den Teig in 12 Stücke teilen und diese zu Kugeln formen.

Die Kugeln auf das vorbereitete Backblech legen, in jede oben ein Kreuz schneiden und mit dem Malzextrakt oder dem mit Salz gemischten Eigelb bepinseln.

Nochmals 20–30 Minuten aufgehen lassen. Inzwischen den Ofen auf 200 °C (Gasherd Stufe 3–4) vorwärmen und 15–20 Minuten auf der mittleren Schiene backen.

Mandelplätzchen

Ergibt etwa 14 Stück
Zubereitungszeit: 8 Minuten
Backzeit: 5 Minuten

1 Eiweiß
50 g extrafeiner Zucker
2 EL Weizenmehl, gesiebt
30 g Butter, geschmolzen
½ TL Vanille-Essenz
50 g Mandeln, gehackt

Den Ofen auf 180 °C (Gasherd Stufe 2–3) vorwärmen und ein Backblech leicht einfetten.

Das Eiweiß sehr steif schlagen, dann nach und nach, stets in kleinen Mengen, Zucker dazugeben und nach jeder Zuckerzugabe gut schlagen, bis die Mischung glatt ist.

Das Mehl hineinrühren, dann die geschmolzene Butter und die Vanille-Essenz gut untermischen.

Mit einem Teelöffel Teighäufchen auf das vorbereitete Blech setzen. Jedes Häufchen mit der Rückseite des Löffels flachdrücken, so daß runde Plätzchen von etwa 5 cm Durchmesser entstehen. Auf jedes ein wenig gehackte Mandeln streuen.

5 Minuten backen, bis die Ränder hellbraun sind.

Dann die Plätzchen nacheinander schnell mit einem Kuchenheber vom Blech nehmen und um ein sauberes Nudelholz oder eine schmale Flasche legen. Sanft an den Seiten andrücken, damit sie die Rundung annehmen. Wenn sie kühl und knusprig sind, kann man sie wegnehmen.

In Schüben weiterbacken, bis der Teig aufgebraucht ist. Die Plätzchen halten sich gut in luftdichten Gefäßen.

Johannisbrotfinger

Ergibt etwa 24 Stück
Zubereitungszeit: 10 Minuten
Backzeit: 10 Minuten
(3 Stunden im voraus)

Je 115 g Sesam-, Sonnenblumen- und Kürbiskerne
50 g getrocknete Sultaninen
4 Puffreis-Tafeln, zerbröckelt
½ TL feines Meersalz
3 EL Malzextrakt
200 g Kokosnußcreme
50 g Johannisbrotpulver
Pflanzenöl zum Einfetten

Den Ofen auf 180 °C (Gasherd Stufe 2–3) vorwärmen. Die Kerne gleichmäßig auf Backbleche verteilen und 10–15 Minuten rösten, dabei die Bleche hin und wieder schütteln und darauf achten, daß die Kerne nicht zu lange geröstet werden. Ein rechteckiges Backblech von etwa 15 x 30 cm mit Öl einstreichen.

Alle Kerne und die Sultaninen in einen schweren Topf geben und Puffreis und Salz darüberstreuen. Malzextrakt dazufügen und alles gut vermischen.

Auf mäßiger Hitze sanft erwärmen und wieder rühren. Die Masse sollte ziemlich fest am Kochlöffel haften. Wenn nötig mehr Malzextrakt dazugeben, aber nicht zu flüssig werden lassen. Die Masse auf das Blech streichen und mit kräftigem Druck gleichmäßig dick verteilen. In etwa 5–6 Minuten goldbraun backen.

Die Kokosnußcreme bei schwacher Hitze in einem Topf schmelzen, dann das Johannisbrotpulver hineinrühren. Etwas abkühlen lassen und über die gebackenen Kerne gießen. Mit einem Teigspachtel glattstreichen.

Etwa 30 Minuten kalt stellen, dann auf der Oberfläche 24 Finger einritzen. Nochmals 2 Stunden kalt stellen. Vor dem Servieren aufschneiden.

GOLDGELBE SONNENBLUMEN UND ORANGEN *(unten)*
Karottenkuchen (folgende Seite und S. 85)

Karottenkuchen

Für 10 Personen
Zubereitungszeit: 15 Minuten
Backzeit: 1 Stunde, plus Zeit zum Abkühlen und Verzieren

275 ml Sonnenblumen- oder anderes Pflanzenöl
350 g grober Zucker
4 Eier, gut geschlagen
400 g Karotten, feingeraspelt
225 g ungebleichtes Mehl, gesiebt und mit 1½ TL Backpulver gemischt
170 g Rosinen
115 g Paranüsse, gehackt
1 TL gemahlener Zimt
1 TL gemahlener Piment
½ TL feines Meersalz
6 Tropfen Vanille-Essenz

Für die Füllung:
225 g Sahne-Frischkäse
170 g Puderzucker, gesiebt
2 gehäufte TL abgeriebene Orangenschale

Den Ofen auf 160 °C (Gasherd Stufe 1–2) vorheizen. Die Böden von zwei runden Backformen (Durchmesser etwa 23 cm) mit Butterbrotpapier auslegen. Die Formen leicht einfetten und mit Zucker bestäuben.

Öl und Zucker in einem Mixer glattrühren, dann Eier und Karotten unterrühren. Mehl und trockene Gewürze vermischen und nach und nach zur Kuchenmischung geben. Schließlich Nüsse, Rosinen und Vanille-Essenz hinzufügen.

Die Masse in die zwei Formen verteilen und etwa 1 Stunde backen, bis sie goldbraun ist. Aus dem Ofen nehmen und etwas abkühlen lassen.

Füllung: Frischkäse mit Zucker und Orangenschale cremig schlagen. Auf jeden Kuchen die Hälfte der Masse geben und dann einen Kuchen auf den anderen legen.

WÄLDER UND FELDER

Maronen in Cognac-Sirup

Diese Früchte in nach Cognac duftendem Sirup eignen sich wunderbar als Geschenk. Nach einem gehaltvollen Mahl sind sie ein angenehm leichtes Dessert, und der Sirup allein verfeinert Eis, Sorbets oder Obst.

Ergibt 3 Gläser von je 450 g
Zubereitungszeit: 10 Minuten
(2 Tage im voraus)
Garzeit: etwa 15 Minuten
(mehrere Tage im voraus)

450 g frische Maronen
Saft von 3 Zitronen
675 g grober Zucker
3/4 TL Weinstein
100 ml Cognac

Die Spitzen der Maronen abschneiden und die Maronen 2–3 Minuten in kochendes Wasser legen. Sorgfältig schälen und die innere braune Haut entfernen. Die Maronen in eine Schüssel geben, mit kaltem Wasser bedecken, Zitronensaft dazugeben und über Nacht ziehen lassen.

Abgießen, dann in einen Topf mit kochendem Wasser geben und garen, bis sie zart, aber noch fest sind.

Zucker und Weinstein mit 570 ml Wasser in einen Topf füllen und den Zucker langsam bei niedriger Hitze auflösen.

Die gekochten Maronen zum Sirup geben und 10 Minuten köcheln. Vom Herd nehmen, zudecken und 24 Stunden stehenlassen.

Am nächsten Tag die Maronen mit einem Schaumlöffel aus dem Sirup nehmen. Den Sirup bei starker Hitze einkochen, bis er eine honigähnliche Konsistenz hat.

Je 2 Eßlöffel Cognac in drei warme, keimfreie, trockene Gläser geben. Die Maronen hinzufügen. Mit Sirup auffüllen und noch warm verschließen. Sofort auf den Kopf stellen, damit sich der Cognac mit dem übrigen Inhalt mischt. Etikettieren und später genießen.

ERNTEFELDER
Im Herbst gibt es in der Landwirtschaft viel zu tun, denn die harte Arbeit eines Jahres trägt jetzt Früchte.

Vollkornbrot

MIT GEGRILLTEM BRIE

Dies ist ein bulgarisches Rezept, wonach das verwendete Korn geschrotet und teilweise gekocht werden soll. Besser verwendet man grobgemahlenen Weizen. Er besteht aus ungekochten geschroteten Weizenkörnern und ergibt ein leichteres Brot als das nach original bulgarischer Art gebackene.

Ergibt 2 Laibe von je 450 g
Zubereitungszeit: 10 Minuten,
plus 45 Minuten zum Aufgehen
Backzeit: 20–30 Minuten,
plus Zeit zum Abkühlen

50 g Roggenmehl
450 g steingemahlenes Vollkornmehl
1 TL feines Meersalz
120 g grobgemahlener Weizen
Etwa 450 ml gewärmtes Quellwasser
30 g Frischhefe oder 15 g Trockenhefe
1 TL weicher brauner Zucker
30 g schwarze Melasse
2 EL Weizenkörner
225 g ziemlich reifer Brie, in
1/2–1 cm dicke Scheiben geschnitten
1 EL geröstete Sonnenblumenkerne
(S. 83)

Den Ofen auf 200 °C (Gasherd Stufe 3–4) vorheizen. Zwei je 500 g fassende Brotformen einfetten.

In einer großen Teigschüssel die Mehlsorten mit Salz und grobgemahlenem Weizen vermischen.

Die Hefe mit 150 ml lauwarmem Wasser in eine angewärmte Schüssel geben; bei Trockenhefe den Zucker dazufügen. An einem warmen Ort in der Küche etwa 10 Minuten stehenlassen, bis die Mischung Blasen wirft. Die aufgelöste Hefe in die Mehlmischung geben und mit den Händen zu einem Teig verkneten. Dabei nach und nach den Rest des warmen Wassers dazugeben.

Den Teig halbieren und in die gewärmten, vorbereiteten Formen geben. Mit einem feuchten Tuch bedecken und bei Zimmertemperatur aufgehen lassen, bis der Teig über den Rand der Formen steigt.

Auf mittlerer Schiene im Ofen etwa 20 Minuten backen. Herausnehmen und noch heiß mit Melasse bestreichen. Mit Weizenkörnern bedecken.

Auf ein Drahtgitter zum Abkühlen stellen. Die erkalteten Laibe in Scheiben schneiden und im Grill auf einer Seite rösten. Auf die ungerösteten Seiten jeweils eine Scheibe Brie legen. Wieder in den Grill geben und überbacken, bis der Käse Blasen wirft und goldgelb wird. Mit Sonnenblumenkernen bestreuen und etwas abkühlen lassen.

Jede Scheibe in 4–8 Stücke schneiden und als Party Snacks oder zu Getränken servieren.

Pfifferling-Omelett
MIT KORIANDER

Für 6 Personen (ergibt 2 Omeletts)
Zubereitungszeit: 20 Minuten
Garzeit: 5–8 Minuten

650 g Pfifferlinge
10 Eier
2½ EL Olivenöl
10 Frühlingszwiebeln, geputzt und mit Stengeln grobgehackt
Saft von 1 Limone
½ TL gemahlener Koriander
80 g Butter
1 EL frischer Koriander, gehackt
Meersalz
Frisch gemahlener schwarzer Pfeffer

Die Stiele von den Pilzköpfen trennen und das harte untere Ende der Stiele entfernen. Köpfe und Stiele sorgfältig waschen, trocknen, feinhacken und beiseite legen.

Das Öl in einer schweren Pfanne erhitzen und bei mäßiger Hitze Zwiebeln, Limonensaft und gemahlenen Koriander ein paar Minuten sautieren. Wenn die Zwiebeln glasig, aber nicht weich sind, den Saft abgießen und die Zwiebeln in einer Schüssel warm halten. Zwei Drittel der Butter in die Pfanne geben und die Pilze darin weich dünsten. Die Flüssigkeit abgießen und die Pilze zu den Zwiebeln in die Schüssel geben.

5 Eier mit 1½ Eßlöffeln Wasser schaumig schlagen. Die Hälfte der übriggebliebenen Butter in eine große Bratpfanne geben. Wenn sie heiß, aber nicht braun ist, die Eier hinzufügen.

Bei mäßiger Hitze sanft braten, von Zeit zu Zeit die Ränder hochheben und kontrollieren, daß sie nicht anbrennen. Solange die Mitte der Masse noch flüssig ist, die Hälfte der Pilzmischung hineingeben. Mit Meersalz und frisch gemahlenem Pfeffer würzen und die Hälfte des frischen Korianders hinzufügen. Vorsichtig eine Hälfte des Omeletts über die Füllung klappen.

Das Omelett auf eine angewärmte Platte stürzen und dabei wenden, um den Rand zu verdecken. Sofort servieren.

Auf die gleiche Weise das zweite Omelett backen.

Austernpilze provençale

Für 4 Personen
Zubereitungszeit: 10 Minuten
Garzeit: etwa 25 Minuten

3 EL Olivenöl (erste Pressung)
2 Knoblauchzehen, geschält und gehackt (nicht zerdrückt)
2 Zwiebeln, geschält und grobgehackt
350 g Fleischtomaten, enthäutet und entkernt
2 gehäufte TL Provence-Kräuter
350 g Austernpilze
250 ml trockener Weißwein
1 TL Rotweinessig
2 EL Petersilie, grobgehackt
Blätter von silbrigem Fingerkraut (zum Garnieren, nach Belieben)

Öl in einer schweren Pfanne mäßig erhitzen. Zuerst Knoblauch, dann Zwiebeln, dann Tomaten und schließlich die Provence-Kräuter hinzufügen und je 3 Minuten sautieren.

Die Hitze hochstellen, die Pilze hineingeben und alle Zutaten gut im Öl wenden.

Wein und Essig dazugeben und 2 Minuten lebhaft kochen lassen; dann die Hitze zurücknehmen und etwa 10 Minuten garen. Vom Herd nehmen und Petersilie darüberstreuen. In eine warme Servierschüssel füllen. Sofort servieren, eventuell mit silbrigem Fingerkraut garnieren.

Austernpilze provençale (rechte Seite links)
Pfifferling-Omelett mit Koriander (rechte Seite rechts)

GEMÜSE

Gemüse-Julienne

MIT ORANGENGLASUR

Diese Julienne ist sehr zeitaufwendig, wenn man keine Küchenmaschine zur Hilfe hat, aber das Gemüse sieht so schön aus und schmeckt so gut, daß sich die Arbeit lohnt.

Für 6 Personen
Zubereitungszeit: 15 Minuten
Garzeit: 5 Minuten

8 dünne Karotten
8 dünne Zucchini
3 kleine weiße Rüben
4 dünne Pastinaken
1 Bund Frühlingszwiebeln
30 g Butter
3 EL Olivenöl
1/2 TL brauner Zucker
1 EL frischer Orangensaft
Petersilie, gehackt (zum Garnieren)

Alle Gemüsesorten waschen und putzen, dann in feine Streifen (Julienne) schneiden. Die Stengel der Frühlingszwiebeln für die Garnierung beiseite legen.

Butter und Öl in einer schweren Pfanne mäßig erhitzen. Zuerst den Zucker, dann das Gemüse dazugeben. 2 Minuten unter ständigem Rühren anbraten.

Die Hitze hochdrehen und den Orangensaft hineinträufeln. Noch 1 Minute garen. Alle Gemüsesorten sollen von den Zutaten gleichmäßig bedeckt sein.

In eine vorgewärmte Servierschüssel geben und mit den gehackten Zwiebelstengeln und Petersilie garnieren.

Kürbissuppe

Goldgelbe Kürbisse sind ein herrliches Herbstgemüse, und die Kürbissuppe ist eine der köstlichsten Arten ihrer Zubereitung.

Für 4 – 6 Personen
Zubereitungszeit: 15 Minuten
Garzeit: 15 Minuten

1 1/2 kg Kürbis, geschält und in Stücke geschnitten
250 g Kartoffeln, geschält und in Stücke geschnitten
170 g Zwiebeln, gehackt
60 g Butter
450 ml Milch
1 EL Mehl
1/2 TL Muskatnuß, frisch gemahlen
250 ml Sahne
Salz und Pfeffer

Kürbis- und Kartoffelstücke in einen großen Topf mit kochendem Wasser geben und garen, bis sie weich sind, aber noch Biß haben. Abgießen und die Brühe aufheben. Im Mixer pürieren, wenn nötig durch ein Sieb passieren.

Bei mäßiger Hitze die Zwiebeln in etwas Butter leicht sautieren. Im Mixer pürieren und dem Kürbis-Kartoffel-Püree beifügen.

150 ml Milch in einem Topf zum Kochen bringen. In einem anderen Topf die restliche Butter schmelzen. Das Mehl darin bei mäßiger Hitze etwa 5 Minuten unter ständigem Rühren anschwitzen. Mit Muskatnuß und Pfeffer würzen. Nach und nach Milch hineingeben, dabei ständig rühren. Das Püree untermischen, aufkochen und 5 Minuten köcheln. Vom Herd nehmen und abkühlen lassen.

450 ml der aufgehobenen Gemüsebrühe dazugeben und nochmals im Mixer pürieren. Mit der übrigen Milch und der Sahne zurück in den Topf geben und sanft erwärmen, aber nicht kochen lassen. Sofort servieren.

Knoblauch-Croûtons

Für 6 Personen
Zubereitungszeit: 10 Minuten
Garzeit: 10 Minuten

50 g Butter
50 g Pflanzenöl
3 Knoblauchzehen, geschält und feingehackt
4 große Scheiben Schwarz- oder Weißbrot, mit Rinde, in kleine Stücke geschnitten

Bei mäßiger Hitze Butter und Öl in einer Bratpfanne erhitzen. Knoblauch dazugeben und dünsten, bis er Farbe annimmt.

Die Brotstückchen hineingeben, die Hitze verstärken und unter ständigem Rühren braten, bis die Croûtons rundum von Knoblauch und Öl bedeckt sind und eine goldbraune Farbe haben.

Eventuell auf Küchenkrepp abtropfen lassen und in die Kürbissuppe geben oder getrennt dazu servieren.

Gemüse-Julienne mit Orangenglasur
(rechte Seite links)
Kürbissuppe mit Knoblauch-Croûtons
(rechte Seite rechts)

Glasierte Pastinaken

Für 6 Personen
Zubereitungszeit: 20 Minuten
Garzeit: 30 Minuten

12 große Pastinaken
1 TL Steinsalz
2 EL Weizenkeim- oder Olivenöl
2 EL Orangensaft
2 EL abgeriebene Orangenschale
3 EL hellbrauner Zucker
2 EL Sojasauce

Den Ofen auf 230 °C (Gasherd Stufe 5) vorwärmen. Die Pastinaken waschen, aber nicht schälen. Spitzen und Enden soweit wie notwendig abschneiden. In einen großen Topf mit kochendem gesalzenem Wasser legen und 10 Minuten garen.

Die übrigen Zutaten in eine große, feuerfeste Form geben und auf mäßiger Hitze gut verrühren.

Die Pastinaken abtropfen lassen, halbieren und in die Form geben. In der Flüssigkeit wälzen, bis sie ganz davon bedeckt sind. 20 Minuten im Ofen backen, dabei einmal wenden.

Soufflé aus Romanesco-Kohl

Für 8 Personen
Zubereitungszeit: 10 Minuten
Garzeit: etwa 40 Minuten

250 g Romanesco-Kohl, gewaschen und geputzt
90 g Butter
2 EL Mehl
300 ml Milch
6 Eier, getrennt
Cayennepfeffer
115 g geriebener Parmesan
1 TL Muskatnuß, frisch gerieben
Salz

Den Ofen auf 190 °C (Gasherd Stufe 3) vorwärmen und eine 2 Liter fassende Soufflé-Form mit Butter einstreichen.

Den Romanesco-Kohl dämpfen, bis er gar ist, aber noch Biß hat. Etwas abkühlen lassen und dann in kleine Stücke hacken.

Die Butter in einer schweren Pfanne bei schwacher Hitze schmelzen. Das Mehl hinzufügen und die Hitze etwas erhöhen. Etwa 1 Minute ständig rühren, dann langsam die Milch hinzufügen und rühren, bis die Masse dick wird. Die Eigelb nacheinander unter die heiße, aber nicht kochende Sauce schlagen. Den gehackten Romanesco hineinrühren sowie eine Prise Cayenne, Muskatnuß und den Parmesan. Nach Belieben salzen.

Das Eiweiß sehr steif schlagen, dann vorsichtig unter die Sauce ziehen. Die Masse rasch in die Soufflé-Form füllen und 30 – 40 Minuten goldbraun backen. Sofort servieren.

FLASCHENKÜRBISSE

GEFLÜGEL UND WILD

Huhn-Paprika-Eintopf

Dies ist ein gehaltvolles Gericht, das in den kühlen Herbstmonaten mit seiner scharfen Paprikawürze herrlich erwärmt. Etwas leichtes Gemüse, geschmort, gedämpft oder gekocht, ist alles, was als Beilage benötigt wird.

Für 4 Personen
Zubereitungszeit: 15 Minuten
Garzeit: etwa 1 Stunde

50 g Butter
1 EL Olivenöl
1 körnergefüttertes Freilandhuhn von 1–1½ kg, ausgenommen gewogen, in 8 Stücke geschnitten
1 große Zwiebel, geschält und in Scheiben geschnitten
120 g Sellerie, geschält und in 2,5 cm große Würfel geschnitten
½ TL Provence-Kräuter oder gemischte Trockenkräuter
2 TL Rosenpaprika
1 EL Mehl
450 g Gemüsebrühe
120 g Karotten, gewaschen und in Scheiben geschnitten
20 g Champignons
450 ml Sahne
Salz und Pfeffer

Den Ofen auf 190 °C (Gasherd Stufe 3) vorwärmen. Die Butter mit dem Öl in einer schweren Pfanne bei mäßiger Hitze schmelzen. Die Hühnerstücke darin etwa 10 Minuten leicht bräunen und dann in eine feuerfeste Kasserolle legen; die Flüssigkeit in der Pfanne lassen.

Zwiebeln, Sellerie, Kräuter und Paprika in die Pfanne geben. Etwa 6 Minuten sautieren, dabei die Pfanne öfter schütteln, bis die Zwiebeln glasig sind.

Mit Mehl bestäuben und nochmals 2 Minuten dünsten. Nach und nach die Brühe in die Pfanne gießen, aufkochen und zum Fleisch geben.

Die Karotten auf das Hühnerfleisch legen und zugedeckt im Ofen etwa eine ¾ Stunde braten.

Nach etwa einer ½ Stunde Bratzeit aus dem Ofen nehmen, die Pilze hinzufügen und rühren. Wieder zudecken und die restlichen 15 Minuten braten, dabei die Hitze auf 180 °C (Gasherd Stufe 2–3) reduzieren. 5 Minuten bevor das Huhn gar ist, die Sahne hineingeben und verrühren.

Direkt in der Kasserolle servieren; frisches grünes Gemüse und mit Petersilie garnierte Salzkartoffeln dazu reichen.

Gebratene Wachteln

MIT BRUNNENKRESSE UND INGWER

Für 6 Personen
Zubereitungszeit: 10 Minuten
Garzeit: 30 Minuten

6 ganze Wachteln, ausgenommen
2 große Bund Brunnenkresse, grobgehackt
150 ml Gemüsebrühe
30 g Nußöl guter Qualität
115 g weiche Butter
50 g Petersilie, gehackt
50 g Zwiebeln, gehackt
2 gehäufte TL abgeriebene Zitronenschale von unbehandelten Zitronen
170 g geröstete Brotwürfel (Schwarzbrot und Weißbrot gemischt)
2 EL Ingwersaft
Salz und Pfeffer

Den Ofen auf 200 °C (Gasherd Stufe 3–4) vorwärmen und die Wachteln innen und außen waschen.

Die Brunnenkresse mit der Gemüsebrühe in einen Topf füllen, aufwallen und erkalten lassen, dann im Mixer pürieren.

Butter, Petersilie, Zwiebel und Zitronenschale zu einer Paste vermischen und die Wachteln damit füllen. Die Vögel außen mit Salz und Pfeffer einreiben und mit Nußöl bestreichen.

Die Wachteln in eine Bratpfanne legen und 25 Minuten im Ofen braten, dabei ständig mit ihrem Fett begießen. Die Pfanne aus dem Ofen nehmen und die Vögel schräg halten, damit aller Saft herauslaufen kann. Die Wachteln auf eine vorgewärmte Servierplatte legen und mit den gerösteten Brotwürfeln umgeben.

Die Pfanne mit dem Bratensaft auf den Herd stellen, das Brunnenkressepüree hineinfüllen und bei starker Hitze unter ständigem Rühren aufkochen. Ingwersaft dazugeben und abschmekken. Diese Sauce getrennt zu den Wachteln servieren.

Perlhuhn

MIT SELLERIE UND ÄPFELN

Dieses Gericht stammt aus der Normandie. Statt Calvados kann man auch Cidre verwenden, aber der Geschmack ist dann etwas anders. Die benötigte Brühe kann man aus der Karkasse eines Huhns oder Wildvogels (beim Geflügelhändler erhältlich) selbst herstellen, oder man verwendet fertige Hühner- oder Gemüsebrühe.

Für 6 Personen
Zubereitungszeit: 40 Minuten
Garzeit: etwa 1 Stunde

1 Geflügelkarkasse (von einem Huhn oder Wildvogel; ersatzweise 300–400 ml Hühner- oder Gemüsebrühe)
2 Lorbeerblätter
2 Petersilienzweige
50 g Butter
2 frische Perlhühner, ausgenommen und in 8 Stücke zerlegt
4 EL Mehl
2 Zwiebeln, geschält und grobgehackt
3 Stangen Bleichsellerie, geputzt und grobgehackt
Sellerieblätter (für die Garnierung)
3 Kochäpfel, geschält, entkernt und grobgehackt
150 ml trockener Cidre
2 EL Calvados
6 EL Crème double
Salz und Pfeffer

Aus der Geflügelkarkasse eine Brühe herstellen, indem man sie mit Lorbeerblättern, Petersilie und je 1 Prise Salz und Pfeffer in einen Topf legt und mit Wasser bedeckt. Aufkochen lassen, zudecken und 20 Minuten sanft köcheln.

Den Ofen auf 160 °C (Gasherd Stufe 1–2) vorwärmen. Butter in einer tiefen, schweren und ofenfesten Kasserolle bei mäßiger Hitze schmelzen. Die Perlhuhnstücke mit Mehl bestäuben, dann von allen Seiten bei starker Hitze braun braten, damit sich die Poren rasch schließen.

Die Hitze zurücknehmen und Zwiebeln und Sellerie zum Perlhuhn geben. 5 Minuten leicht kochen, dann die Äpfel beifügen. Nochmals 5 Minuten kochen. Die Kasserolle vom Herd nehmen und so viel vom übriggebliebenen Mehl hineinstreuen, daß das Fett davon aufgesogen wird. Das Mehl etwa 3 Minuten leicht anschwitzen.

Nach und nach den Cidre dazugeben, dann den Calvados und zuletzt 300 ml abgeseihte Brühe. Langsam zum Sieden bringen und dann etwa 10 Minuten zugedeckt sanft köcheln. Wenn die Sauce die Perlhuhnstücke nicht bedeckt, noch etwas Brühe nachgießen. Nach Belieben würzen, dann im Ofen etwa 30 Minuten braten.

Aus dem Ofen nehmen, die Perlhuhnstücke in eine vorgewärmte Servierschüssel legen. Die Kasserolle auf eine sehr heiße Herdplatte stellen und die Sauce aufkochen. Die Hitze reduzieren, Sahne hinzugeben, abschmecken und die fertige Sauce über das Fleisch gießen. Mit Sellerieblättern garniert servieren.

Perlhuhn mit Sellerie und Äpfeln

GEFLÜGELHOF
Gänse und Hühner beim Morgenspaziergang

Wildente

MIT NEKTARINEN UND ROTEN TRAUBEN

Für 4 Personen
Zubereitungszeit: 35 Minuten
Garzeit: 1 Stunde

2 kleine Wildenten mit Innereien
3 EL Honig
1 EL Sojasauce
225 g rote kernlose Trauben (zusätzlich einige Trauben zum Garnieren)
3 Nektarinen, in Scheiben geschnitten (zusätzlich 2 zum Garnieren)
Abgeriebene Schale von 3 unbehandelten Orangen
Saft von 1 Orange
4 EL Cassis-Likör
100 g geschälte Pistazienkerne

Die Wildenten überall bis unter die Haut mit einer Gabel einstechen, damit das Fett herausrinnen kann. Mit dem Kopf nach unten in einen großen Topf kochenden Wassers legen und 20 Minuten lebhaft kochen. Aus dem Topf nehmen und mit der Brust nach unten abtropfen lassen, bis sie trocken sind.

Den Ofen auf 250 °C (Gasherd Stufe 6) vorwärmen. Die Enten in einen Bräter legen und mit einer Mischung aus Sojasauce und Honig überziehen. 5 Eßlöffel Wasser in den Bräter geben und auf der mittleren Schiene des Ofens 20 Minuten braten, die Enten alle 10 Minuten mit dem Fond begießen.

Aus dem Ofen nehmen, nochmals begießen. Die Ofentemperatur auf 220 °C (Gasherd Stufe 4–5) zurückdrehen.

Die Enten auf einen Rost über eine Fettpfanne mit etwas Wasser legen und auf der mittleren Schiene nochmals 20 Minuten braten.

Den Bräter bei schwacher Hitze auf den Herd stellen. Die kernlosen Trauben, Nektarinenscheiben, Orangenschale und den Orangensaft hineingeben. Aufkochen lassen, 4 Eßlöffel Wasser und den Cassis dazugeben. Leicht köcheln, bis die Trauben weich werden (wenn nötig etwas mehr Wasser dazugeben). Die Sauce in einen gewärmten Krug füllen und die Pistazienkerne dazugeben.

Die Enten zum Schluß 5 Minuten bei größtmöglicher Hitze braten, dann herausnehmen und auf eine vorgewärmte Servierplatte legen.

Mit der Sauce und einem dunkelgrünen Gemüse servieren. Nach Belieben mit Trauben und Nektarinenscheiben garnieren.

OBST UND SAHNE

Gestürzter Apfelkuchen

Gestürzter Apfelkuchen ist am besten und knusprigsten, wenn er sofort nach dem Backen gegessen wird. Man kann aber auch den Teig im voraus backen und ihn kurz vor dem Servieren füllen.

Für 6–8 Personen
Zubereitungszeit: 10 Minuten
Backzeit: etwa 1 Stunde

200 g Butter
1 gehäufter EL brauner Zucker
1 großer EL Ahornsirup
550 g knackige grüne Äpfel, entkernt und in Scheiben geschnitten
Saft von ½ Zitrone
1 Prise Salz
1½ TL Backpulver
115 g extrafeiner Zucker (plus 1 EL extra)
350 g ungebleichtes Weizenmehl
150 g Kondensmilch
1 Ei, verquirlt
85 g Corn-flakes, zerdrückt
250 ml Crème double

Den Ofen auf 180 °C (Gasherd Stufe 2–3) vorwärmen.

Die Hälfte der geschmolzenen Butter mit braunem Zucker und Ahornsirup auf den Boden einer Kuchenform von 20 cm Durchmesser verteilen. 450 g Äpfel darüberlegen; die restlichen Apfelscheiben mit Zitronensaft beträufeln.

In einer Teigschüssel Salz, Backpulver, 115 g extrafeinen Zucker und Mehl vermischen. Die restliche Butter, Milch und Ei hinzufügen und kräftig schlagen.

Diese Mischung über die Äpfel in der Kuchenform geben und 1 Stunde backen. Den Kuchen aus dem Ofen nehmen, die Ränder mit einem Messer lockern und auf eine warme Platte stürzen.

Dann den Kuchen auf eine zweite Platte stürzen, so daß die Teigseite wieder oben liegt. Abkühlen lassen.

Nach dem Abkühlen den Teig waagerecht durchschneiden, so daß zwei Schichten entstehen.

Die Sahne sehr steif schlagen, die restlichen Äpfel hacken und untermischen, ebenso die zerdrückten Cornflakes. Diese Mischung zwischen die Teigschichten streichen. Mit dem restlichen Zucker bestreut servieren.

Birnen-Roquefort-Strudel

MIT MOHNSAMEN

Birnen und cremiger Roquefort im Strudelteig – ein Dessert für besondere Gelegenheiten. Man kann auch Gorgonzola, Stilton oder anderen Blauschimmelkäse verwenden.

Für 6 Personen
Zubereitungszeit: 25 Minuten
Backzeit: 30 Minuten

500 g Williamsbirnen
Saft von 1 Zitrone
Abgeriebene Schale von 1 unbehandelten Limone
250 g Roquefort oder anderen Blauschimmelkäse
1 TL frische Thymianblätter
30 g Mohnsamen
¼ TL Muskatnuß, gerieben
8 Blätter Phyllo- oder Strudelteig von je 30 x 50 cm
120 g Butter, geschmolzen
120 g Schwarzbrotkrumen
Salz und Pfeffer

Den Ofen auf 180 °C (Gasherd Stufe 2–3) vorwärmen und eine große ofenfeste Form ölen.

Die Birnen schälen, die Kerngehäuse entfernen und die Birnen in 1 cm große Würfel schneiden. Mit Zitronensaft beträufeln und mit Limonenschale bestreuen.

Den Roquefort über die Birnen krümeln und Thymian, Mohnsamen (einige zum Garnieren beiseite legen) und Muskatnuß dazufügen. Nach Belieben würzen.

Zwei Teigblätter leicht überlappend auf ein ausgebreitetes feuchtes Tuch legen. Mit geschmolzener Butter bestreichen und zuerst mit einem Drittel der Brotkrumen, dann mit einem Drittel der Birnen-Käse-Masse bestreuen. Mit Teigblättern bedecken und weitere Schichten Füllung und Teig darüberlegen, bis alle Zutaten aufgebraucht sind. Dabei alle Teigblätter mit geschmolzener Butter bestreichen. Mit einer Teigschicht abdecken.

Mit Hilfe des feuchten Tuchs zu einem großen Strudel einrollen. Mit dem Rand nach unten in die vorbereitete ofenfeste Form legen, mit Mohnsamen bestreuen und 30 Minuten backen. Sofort servieren.

FARBE IM OBSTGARTEN *(folgende Seiten)*
Reife Früchte und Beeren als leuchtende Farbtupfer in sanftem Grün

Meringen

MIT REINECLAUDEN

Falls keine Reineclauden erhältlich sind, kann man Pflaumen verwenden.

Für 6–8 Personen
Zubereitungszeit: 20 Minuten
Garzeit: 1½ Stunden,
plus Zeit zum Abkühlen

280g extrafeiner Zucker
5 Eiweiß
1 gestrichener TL Maisstärke
1 TL Weißweinessig
670g Reineclauden, entsteint
(ersatzweise Pflaumen)
150ml Quellwasser
1 TL Ahornsirup

Den Ofen auf 150 °C (Gasherd Stufe 1) vorwärmen. Ein Backblech mit Butterbrotpapier belegen.

Die Hälfte des Zuckers mit dem Eiweiß vermischen und sehr steif schlagen.

Die Maisstärke mit dem restlichen Zucker vermischen und zur Eiweißmasse geben; den Essig langsam hineinschlagen.

Die Masse mit einem Teigspachtel auf das vorbereitete Backblech streichen und 1 Stunde backen. Den Ofen abschalten, aber die Meringe erst nach 30 Minuten herausnehmen. Sie sollte außen hart sein und im Inneren weich wie Marshmallows.

Die Früchte mit Wasser und Ahornsirup in einen Topf geben. Schnell zum Kochen bringen und so lange weiterkochen, bis das Volumen um die Hälfte reduziert ist. Vom Herd nehmen und abkühlen lassen, dann auf die Meringe streichen.

Cassis-Trauben

MIT KARAMELSPLITTERN

Ein lukullisches Dessert sind weiße, rote und blaue Trauben mit einer üppigen Mischung aus Sahne, Crème fraîche und dickem griechischem Joghurt. Die knusprige Karamelmasse – extra zubereitet und darübergestreut – bildet einen wundervollen Kontrast dazu. Man kann eine große Menge Karamelmasse machen und, was übrigbleibt, in einem luftdichten Gefäß für andere Nachspeisen aufbewahren.

Für 6 Personen
Zubereitungszeit: 20 Minuten
Garzeit: etwa 15 Minuten
(3 Stunden im voraus)

800 g unraffinierter weißer Zucker
450 g weiße kernlose Trauben
450 g rote kernlose Trauben
450 g blaue kernlose Trauben
6 EL Cassis-Likör
250 ml Crème double
250 ml Crème fraîche
250 ml griechischer Joghurt

Karamelmasse: Zucker mit 350 ml Wasser in einem schweren Topf unter Rühren langsam auflösen und dann zum Kochen bringen.

Unterdessen ein großes Backblech mit Backtrennpapier auslegen.

Den Sirup 10 Minuten unbedeckt lebhaft kochen lassen. Gegen Ende der Kochzeit auf den Farbwechsel achten. Wenn der Sirup nicht mehr goldbraun, sondern dunkelbraun aussieht, rasch vom Herd nehmen und auf das Backblech gießen (nur etwa die Menge ausgießen, die man als Beigabe zu den Trauben benötigt). Abkühlen lassen.

Wenn die Masse völlig erstarrt ist, eine Ecke des Papiers so weit hochheben, daß der Karamel zerbricht.

Die Trauben waschen, trockentupfen und halbieren. Farblich gemischt mit der flachen Seite nach unten auf einen großen Glasteller legen. Cassis darüberträufeln.

Sahne, Crème fraîche und griechischen Joghurt behutsam mit einer Gabel vermischen und cremig schlagen. Über die Trauben verteilen und mit einem Teigspachtel verstreichen, bis die Trauben ganz damit bedeckt sind. Gut gekühlt, mit Karamelstücken bestreut, servieren.

Hinweis: Nach Beigabe der Karamelsplitter nicht mehr in den Kühlschrank stellen, sonst läuft der Karamel an. Übriggebliebenen Karamel in Butterbrotpapier wickeln und in einem luftdichten Gefäß aufbewahren.

Profiteroles

MIT VEILCHENCREME-FÜLLUNG UND SCHOKOLADENGUSS

Profiteroles, zu einer Pyramide aufgebaut und mit Schokolade überzogen, machen stets Eindruck. Pralinen mit handgemachter Veilchencreme, für die Dekoration dieses unwiderstehlichen Desserts, sind in guten Konfiserien erhältlich. Man kann auch mit Pralinen verschiedenen Geschmacks experimentieren. Reste von Füllung und Guß können tiefgefroren und für anderes Gebäck oder Kuchen verwendet werden. Sie verleihen auch Eis oder Obst eine besondere Note.

Ergibt 36 Stück
Zubereitungszeit: 20 Minuten
Backzeit: 35 Minuten,
plus Zeit zum Abkühlen

115 g Butter
140 g Mehl, gesiebt
4 Eier, leicht geschlagen
1 Prise Salz

Für die Füllung:
4 Eigelb
115 g extrafeiner Zucker
55 g Mehl
55 g Maisstärke
400 ml Milch
2 TL Veilchenessenz
300 ml Crème double

Für den Guß:
10 handgemachte Veilchencreme-Pralinen
100 g dunkle Schokolade
(sehr gute Qualität)
10 kandierte Veilchen

Den Ofen auf 220 °C (Gasherd Stufe 5) vorwärmen und ein Backblech leicht mit Butter bestreichen.

Zuerst die Profiteroles backen: Butter mit 300 ml Wasser in einen Topf geben und langsam zum Kochen bringen. Weiterkochen, bis alle Butter geschmolzen ist. Sofort Mehl und Salz unter schnellem Schlagen hinzufügen. Schnell weiterschlagen, bis sich die Mischung von der Topfwand löst.

Den Teig in den elektrischen Mixer füllen und nach und nach die Eier dazugeben. Jedes Ei muß vollständig aufgenommen sein, bevor das nächste dazukommt. Die Mischung sollte jetzt glänzend aussehen.

Die Masse in einen Spritzbeutel mit normaler Tülle geben und 2,5 cm große Teighäufchen etwa 5 cm voneinander entfernt auf das Backblech spritzen. Mit einem nassen Finger die von der Spritztülle hinterlassenen Spitzen flachdrücken.

Etwa 15 Minuten backen, dann die Ofentemperatur auf etwa 180 °C (Gasherd Stufe 2 – 3) reduzieren und weitere 10 Minuten backen, bis die Profiteroles goldbraun sind.

Das Blech aus dem Ofen nehmen und die Profiteroles mit einem spitzen Messer einstechen, damit der Dampf entweicht. Das Blech in den Ofen zurückschieben und weitere 10 Minuten backen, um die Profiteroles zu trocknen. Aus dem Ofen nehmen und erkalten lassen.

Während die Profiteroles gebacken werden, die Füllung zubereiten. In einem Mixer das Eigelb, die Hälfte des Zuckers, das Mehl, die Maisstärke und 4 Eßlöffel Milch vermengen. Die übrige Milch in einem Topf langsam zum Kochen bringen und zu der Mischung im Mixer geben. Bei niedriger bis mittlerer Geschwindigkeit unterrühren.

Diese Mischung in einen Topf füllen und auf schwacher Hitze erwärmen. Langsam weiter erhitzen und ständig rühren, bis die Masse dick wird. Vom Herd nehmen, in eine Schüssel geben und etwas abkühlen lassen. Veilchenessenz hinzufügen und bei Zimmertemperatur stehenlassen.

Die Crème double schlagen, bis sie weiche Spitzen bildet, dann nach und nach den restlichen Zucker unterziehen und gut vermischen. Diese Mischung unter die Füllung ziehen.

Für den Guß entfernt man alle kandierten Blumen von den Pralinen und legt sie beiseite.

Die Pralinen und die dunkle Schokolade ins Wasserbad geben und auf schwacher Hitze schmelzen. Wenn die Mischung zu dick zum Gießen wird, 2 Eßlöffel Wasser nach und nach hineinträufeln. Warm halten.

Mit einem kleinen, spitzen Messer die erkalteten Profiteroles auf der Unterseite einstechen und mit einem Spritzbeutel die Füllung durch diese Öffnung in die Profiteroles spritzen. Die gefüllten Profiteroles auf eine Servierplatte legen und den Schokoladenguß dick darübergießen. Mit den beiseitegelegten kandierten Blüten und Veilchen garnieren. Genießen!

Cassis-Trauben mit Karamelsplittern (oben)
Profiteroles mit Veilchencreme-Füllung und Schokoladenguß (unten)

Winter

KALTE TAGE UND GESELLIGE ABENDE

Die Laubbäume sind nun kahl, nur die immergrünen Nadelbäume beleben die farblose Landschaft. Ein paar Beeren leuchten noch in den Hecken, und der Efeu trägt als letzte Pflanze in dieser Jahreszeit seine dunkelvioletten Früchte. Hagebutten kämpfen gegen den Frost, und der Weißdorn trägt noch vereinzelte Früchte. In kahlen Baumwipfeln hängt die sagenumwobene Mistel. Eine nordische Legende erzählt, daß sich die Tränen Freyjas, der Göttin der Liebe, in Perlen verwandelten, als sie um ihren Liebsten weinte. Ein Zweig aus diesen Perlen wurde ihr anvertraut. Sie hängte ihn zwischen Himmel und Erde und versprach, er werde nichts Böses anrichten, solange er nicht zur Erde falle – daher hängt man seit jeher die Mistel so hoch wie möglich.

GEISTERHAFTE GESTALTEN *(oben)*
WINTERLICHE PASTELLTÖNE *(vorhergehende Seiten)*

Vögel haben es in dieser Zeit schwer, Nahrung zu finden. Man sollte deshalb Kinder dazu anregen, Meisen, Spatzen und Rotkehlchen einen Fettkuchen zu machen.

Fettkuchen

125g Kochfett
75g alte Biskuit-, Brot- und Kuchenkrumen
55g Erdnüsse, Sesam- und Sonnenblumenkerne
Schnur

Das Fett schmelzen und die trockenen Zutaten hineinrühren. Ein Gefäß nehmen (Margarinedosen eignen sich gut), ein Loch in die Mitte des Gefäßbodens stechen und 30 cm Schnur hindurchziehen, außen mit einem großen Knoten sichern. Die Masse rund um die Schnur ins Gefäß löffeln und einen schweren Teller drauflegen, um sie festzupressen. 24 Stunden in den Kühlschrank stellen, dann den Fettkuchen aus der Form nehmen und für die Vögel in den Garten hängen. Am besten in einen Baum vor dem Küchenfenster, damit man das bunte Treiben der Vögel beobachten kann.

Winter ist die Zeit des geselligen Beisammenseins und besonderer Gaumenfreuden. Im Dezember, wenn Weihnachten immer näher rückt, herrscht der größte Überfluß an Lebensmitteln; die Geschäfte quellen förmlich über von Vorräten aller Art. Äpfel wie Cox Orange und Jonathan, Mandarinen, Schweinefleisch, Rebhühner, Wild, Puten, fette Gänse, Enten, Perlhühner und Berge einheimischer und exotischer Früchte und Gemüse präsentieren sich in verführerischen Auslagen. Frische Fische locken auf den Marmorplatten der Marktstände.

Wird das Wetter schlecht, bringen die Bauern ihre Geräte und Maschinen in Ordnung. Die kurzen Tage lassen ihnen wenig Zeit, wenn sie bei mildem Wetter im Freien arbeiten. Daheim werden inzwischen alle möglichen Vorbereitungen getroffen. Weihnachtsplätzchen und Stollen, Baumschmuck und Grußkarten, Preiselbeerkompott und Pfefferkuchen-Körbchen (S. 125) – vieles davon läßt sich im voraus herstellen, so daß man dem großen Tag gelassen entgegensieht.

Man kann jetzt schon Stechpalmen, Efeu und Fichtenzweige, Tannenzapfen und Mäusedorn für die Weihnachtsdekorationen sammeln. Früchte und Blätter der Lampionblume, mit Gold und Silber besprüht, ergeben eine festliche Tischdekoration. Papierservietten kann man mit selbstgemachten Stempeln bedrucken und um Damast-Servietten hübsche Bänder binden. Potpourris sollte man erneuern. Um Kerzen legt man kleine Tannenzapfen, die mit Essenzen parfümiert sind, und stellt sie als hübsche Überraschung ins Gästezimmer. Die Gewürzkugeln (S. 78) sind jetzt auch bereit zum Aufhängen. Tannennadeln, übers Kaminfeuer gestreut, mischen ihr Aroma mit den köstlichen Düften aus der Küche.

Für die Möbel, die von Kaminfeuer und Heizung ausgetrocknet sind, empfiehlt sich eine Pflege. Mit der altherkömmlichen Bienenwachspolitur läßt sich Mahagoni-, Eichen- und Kiefernholz auffrischen.

Bienenwachspolitur

85g Bienenwachs
30g Paraffin oder ½ Haushaltskerze
600 ml Spiritus
600 ml heißes Wasser
1 EL flüssiges Geschirrspülmittel

Das Wachs bei mäßiger Hitze in einer Pfanne oder einer Dose schmelzen. Vom Herd nehmen (Gas ausschalten!) und langsam den Spiritus hineinrühren. Geschirrspülmittel mit Wasser mischen und vorsichtig die Wachsmischung hinzufügen. Unter gelegentlichem Umrühren abkühlen lassen, in Schraubdosen füllen, deutlich etikettieren und im Putzmittelschrank kindersicher aufbewahren. Beim Bearbeiten der Möbel das Wachs erst einige Zeit eindringen lassen, dann mit einem weichen Tuch polieren.

Einen Tag sollte man der Herstellung von Pralinen widmen. Dabei sind der Kreativität keine Grenzen gesetzt. Pralinenförmchen, die man dafür braucht, sind in den meisten Haushaltsgeschäften erhältlich. Am wichtigsten ist es, nur erstklassige Schokolade zu verwenden. Versuchen Sie es mit frischer Sahne und schwarzen Kirschen, kandiertem Ingwer, türkischem Honig, Marzipan, Pfefferminze, frischen Früchten und in Likör getauchten Sultaninen. In durchsichtiges Cellophan verpackt und mit einem hübschen Band verschnürt, hat man sie als beliebtes Geschenk immer zur Hand. Kinder können unterdessen in der Küche Äpfel mit Sahnekaramel bestreichen (S. 108).

Nach dem turbulenten Weihnachtsfest kann man nun in aller Ruhe Konfitüren kochen und Früchte einmachen. Sevilla-Orangen und andere Zitrusfrüchte sind überall erhältlich. Man kann Sevilla-Marmelade nach dem herkömmlichen Rezept (S. 24) herstellen, sollte aber auch neue Kombinationen von Zitrusfrüchten wagen. Man kann Sonnenblumen- und Sesamkerne rösten, ebenso Rotalgen (S. 21) und anderes Meeresgemüse oder Pinienkerne mit Knoblauch in Öl backen. Man bewahrt alles in Schraubdeckelgläsern auf, um es zu Salaten und Gemüsen oder als Snack zu reichen. Von Heidelbeeren, die man getrocknet hat, kann man jetzt Heidelbeeressig machen.

Heidelbeeressig

115 g getrocknete Heidelbeeren
Weißweinessig

Die Heidelbeeren in ein Glas füllen und reichlich mit Weißweinessig bedecken – er sollte mindesten 10 cm über den Beeren stehen.

Mit einem Musselintuch bedecken und auf einem hellen Fenstersims zwei Wochen ziehen lassen.

Danach den Essig durch ein Tuch filtern. In eine trockene, keimfreie Flasche mit Korken oder Schraubverschluß füllen. 3 – 4 Heidelbeeren in die Flasche geben, verschließen und beschriften.

Warm gekleidet, mit Wollmänteln und großen Halstüchern, pelzgefütterten Stiefeln und wetterfesten Kopfbedeckungen, genießt man Spaziergänge übers Land. Man kann dabei im feuchten Boden oder unter vereisten Pfützen nach Tierspuren suchen und läßt die von der Kälte blaue Nase zu Hause bei warmem Wintertee wieder »auftauen«.

Schaut man in der Abenddämmerung nach einem sonnigen kalten Tag aus dem Fenster, sieht man Nebelschwaden über der warmen Erde hängen, in denen sich weidende Tiere lautlos wie in einem Schattenspiel bewegen. Man hört die Schleiereule, wie sie, auf der Jagd nach Mäusen, ihre unverwechselbaren Schreie ausstößt.

Wintertrunk

Ergibt 4 – 6 Tassen

15 Kardamomschoten
15 ganze Gewürznelken
5 cm Zimtstange, zerbröckelt
1,75 l Quellwasser
3 EL klarer Honig (am besten von Akazien oder Limonenblüten)
350 ml Milch
6 TL schwarzer Tee (nicht parfümiert)

Kardamomschoten mit Gewürznelken und Zimt ins Wasser geben und sehr langsam zum Sieden bringen. Zudecken und 20 Minuten sanft köcheln lassen.

Den Honig dazugeben, dann die Milch, und alles nochmals 10 Minuten köcheln.

Den Tee hineinstreuen und weitere 5 Minuten köcheln. Vom Herd nehmen und 3 Minuten ziehen lassen.

In vorgewärmte Tassen oder Gläser gießen.

Reifbedecktes Blattwerk
Silberner Rauhreif, ein Wunder der Natur im Winter

Menüs für den Winter

FRÜHSTÜCK

Mexikanische Brötchen mit Walnuß-Oliven-Sauce (S. 115)

LEICHTES MITTAGESSEN

Gebackener Kürbis (S. 114)
Nußpastete (S. 116)
Glasierte Trauben (S. 124)

MITTAGESSEN

Wild-Fondue (S. 122)
oder
Gekochter Bacon mit Kräuterknödeln (S. 119)
Käsekartoffeln (S. 114)
Gebackene Zwiebeln (S. 114)
Fruchtroulade (S. 124)

ZUM TEE

Preiselbeerbrot mit Pekannüssen (S. 111)
Herz-Meringen mit Fruchtfüllung (S. 125)
In Karamel getauchte Früchte und Nüsse (S. 118)

LEICHTES ABENDESSEN

Phyllo-Teigpäckchen mit Artischokkenherzen und Roquefort (S. 112)
Fasanenbrüstchen (S. 123)
Wintersalat mit warmer Vinaigrette (S. 112)
Pfefferkuchen-Körbchen mit Angelika-Creme (S. 125)

ABENDESSEN

Pikante Gemüsesuppe (S. 112)
Schinken in Blätterteig (S. 119)
oder
Schweinemedaillons mit Schlehen-Gin (S. 122)
Broccoli mit gerösteten Meeresalgen (S. 114)
Schokoladencreme mit Honigwabe (S. 124)

VORBEREITUNG

Karameläpfel

Man benötigt Holzspießchen, um die Äpfel zu halten. Eine farbige Cellophanverpackung erhöht ihren Reiz. Nach dem Eintauchen in die Karamelmasse kann man die Äpfel, wenn man möchte, in gehackten Nüssen wälzen.

Ergibt 8 Stück
Zubereitungszeit: 10 Minuten
Garzeit: 15 Minuten,
plus Zeit zum Abkühlen

1 l Quellwasser oder gefiltertes Leitungswasser
900 g grober Zucker
70 g flüssige Glukose
½ TL natürliche rote Lebensmittelfarbe (nach Belieben)
8 harte grüne Äpfel (am besten Granny Smith)

Das Wasser in einen Topf geben und auf schwache Hitze stellen. Zucker und Glukose hinzufügen und unter Rühren auflösen.

Die Hitze verstärken und den Sirup unbedeckt zum Sieden bringen. So lange kochen lassen, bis ein Kochthermometer 143 °C anzeigt. Wenn kein Thermometer vorhanden ist, kochen, bis kleine Blasen an der Oberfläche erscheinen, der Sirup dick wird und sich golden färbt. Dann einen Teelöffel Sirup in eine Untertasse mit kaltem Wasser rinnen lassen – die Karamelmasse ist fertig, wenn sie dabei knistert und hart wird.

Vom Herd nehmen, Lebensmittelfarbe (falls gewünscht) hineinrühren und gründlich vermischen. Dann den Topf in ein größeres Gefäß mit heißem Wasser stellen, damit die Masse nicht zu schnell erkaltet. Es dürfen sich keine Blasen mehr bilden, und der Sirup muß glatt sein, ehe man die Äpfel darin eintauchen kann.

In jeden Apfel ein Holzspießchen stecken. Den Siruptopf leicht schräg halten, die Äpfel hineintauchen und wenden, damit sie rundherum gleich dick beschichtet sind.

Die Äpfel langsam herausnehmen und sich vergewissern, daß im Sirup oder darunter keine Luftblasen vorhanden sind (Blasen bilden sich, wenn man zu schnell arbeitet). Das Eintauchen wiederholen, bis die Schicht die gewünschte Dicke hat.

Die Karameläpfel vorsichtig auf ein gefettetes Backblech setzen. Wenn die Karamelschicht hart ist, jeden Apfel in ein Stück farbiges Cellophan wickeln und ein Stück Band um den Stiel binden. Die Verpackung muß luftdicht sein. Die Äpfel kühl aufbewahren, bis sie verzehrt werden.

Am feinsten schmecken diese Äpfel, wenn sie binnen 24 Stunden verzehrt werden, aber sie halten sich 2–3 Tage.

Ingwerbier

Es ist kaum mehr als eine Generation her, da brauten – vor allem in England – viele Leute das Ingwerbier noch selber. Man dachte damals, es bringe Unglück, wenn man die Maische nicht jedesmal teilt und eine Hälfte davon verschenkt. Wenn sich einmal herumspricht, daß man köstliches hausgemachtes Ingwerbier hat, werden die Freunde sich vielleicht wieder an diesen Aberglauben erinnern und entsprechenden Anspruch erheben. Verschenkt man fertiges Ingwerbier, sollte man es in traditionelle Bierflaschen mit Hebelverschluß füllen.

Ergibt 2 Gallonenkrüge
(von je etwa 4½ l)
Zubereitungszeit: 10 Minuten
(eine Woche im voraus)

7 TL Zucker
7 TL gemahlener Ingwer
Saft von 4 Zitronen
900 g Zucker
1 l heißes Wasser

Für die Maische:
30 g Trockenhefe
1 EL gemahlener Ingwer
1 EL Zucker
575 ml lauwarmes Wasser (37 °C)

Zuerst stellt man die Maische her: Alle Zutaten in ein Schraubglas geben und gut vermengen. Den Deckel lose darauflegen (nicht fest verschließen) und das Glas an einen warmen Ort (18–30 °C) stellen (nicht ans Fenster).

An jedem Tag der darauffolgenden Woche je 1 TL Zucker und Ingwer dazugeben. Am Ende der Woche die Flüssigkeit der Maische vorsichtig durch ein Musselintuch in zwei Gallonenkrüge aus Steingut abseihen.

In jeden Krug 2,2 Liter kaltes Wasser, die Hälfte des Zitronensaftes und die Hälfte des Zuckers geben. Hierauf 575 ml sehr heißes, aber nicht siedendes Wasser in jeden Krug gießen. Mit einem passend zugeschnittenen Korken fest verschließen und 1 Woche ungestört stehenlassen.

Hinweis: Der Satz, der beim Abseihen zurückbleibt, kann unzählige Male wiederverwendet werden. Man verteilt ihn auf 2 Krüge und fügt jedem 1 Teelöffel gemahlenen Ingwer und einen Teelöffel Zucker bei sowie 575 ml lauwarmes (37 °C) Wasser. Dann geht man wieder wie oben beschrieben vor.

Glasperlenplätzchen

Ergibt etwa 18 Stück
Zubereitungszeit: 5 Minuten
(45 Minuten im voraus)
Backzeit: etwa 15 Minuten

60 g Puderzucker, gesiebt
1 EL Milch
170 g Mehl
120 g Butter
(oder halb Butter, halb Margarine)
½ TL Vanille-Essenz
120 g durchsichtige Bonbons
(einfarbig, gestreift und ähnliche)

Zucker, Milch, Mehl, Butter und Vanille zu einem geschmeidigen Teig verkneten. Mit Frischhaltefolie bedecken und 45 Minuten kalt stellen.

Wenn der Teig richtig kalt ist, den Ofen auf 200 °C (Gasherd Stufe 3–4) vorwärmen und den Teig auf einer bemehlten Fläche ausrollen. Dekorative Formen (Sterne, Herzen, Bäume, Kasperl und ähnliches) jeweils in zwei Größen ausstechen oder ausschneiden.

Die kleinere Form jeweils auf die größere legen, so daß ringsherum ein Rand von etwa 1 cm entsteht. Falls man die Plätzchen aufhängen will, bohrt man oben ein kleines Loch hinein.

Die Plätzchen auf Butterbrotpapier oder ein gefettetes Backblech legen. In die Mitte jedes Plätzchens 1 Bonbon legen oder je eine Hälfte verschiedener Bonbons – man sollte dabei Farben und Muster phantasievoll kombinieren.

7 Minuten auf der obersten Schiene des Backofens und weitere 7 Minuten auf der mittleren Schiene backen, bis die Bonbons geschmolzen sind. Auf dem Backblech erkalten lassen.

Als Christbaumschmuck sind diese Plätzchen äußerst dekorativ.

Glasperlenplätzchen

Preiselbeerbrot

MIT PEKANNÜSSEN

Ergibt 2 Laibe à 450 g
Zubereitungszeit: 15 Minuten
Backzeit: etwa 1¼ Stunden

200 g grober Zucker
200 g weicher brauner Zucker
450 g ungebleichtes Mehl
4 TL Backpulver
1 TL Natron
2 TL Meersalz
115 g Pekannüsse
115 g Weizenkeime
Abgeriebene Schale von 4 unbehandelten Orangen
450 ml frische Preiselbeeren
2½ EL Weizenkeimöl
250 ml frischer Orangensaft
125 ml warmes Quellwasser
2 Eier, leicht geschlagen

Den Ofen auf 180 °C (Gasherd Stufe 2–3) vorwärmen. Zwei je etwa 500 g fassende Kuchenformen einfetten.

Alle trockenen Zutaten in einen elektrischen Mixer füllen und mit niedrigster Geschwindigkeit vermengen.

Die vermischten flüssigen Zutaten hinzufügen, wieder langsam vermengen, damit die Früchte und Nüsse in groben Stücken bleiben und nicht zu Brei verrührt werden.

Die Masse in die vorbereiteten Kuchenformen füllen und dann etwa 65 Minuten backen, bis die Seiten sich etwas von der Form lösen. Aus dem Ofen nehmen, stürzen und auf einem Drahtgitter erkalten lassen.

Preiselbeerbrot mit Pekannüssen (links)
Ingwerbier (rechts)

GEMÜSE

Pikante Gemüsesuppe

MIT KNOBLAUCH

Für 6 – 8 Personen
Zubereitungszeit: 15 Minuten
Garzeit: etwa 45 Minuten

50 g Butter
1 EL Olivenöl
3 Knoblauchzehen, geschält und in Scheiben geschnitten
1 große Zwiebel, geschält und in Scheiben geschnitten
2 Lauchstengel, gewaschen, geputzt und in 1 cm dicke Scheiben geschnitten
3 Paprikaschoten (wenn möglich in verschiedenen Farben), halbiert, entkernt und gehackt
1 l Gemüsebrühe
500 g Kartoffeln, geschält und in kleine Stücke geschnitten
225 g Flageolets (grüne Bohnenkerne), gekocht
1 TL Chilipulver
Steinsalz

Die Butter mit dem Öl in einem schweren Topf bei schwacher Hitze schmelzen. Den Knoblauch unter ständigem Rühren darin etwa 3 Minuten sanft dünsten. Dann Zwiebel und Lauch dazugeben und 5 Minuten dünsten, zuletzt die Paprika dazugeben und unter Rühren weitere 5 Minuten dünsten.

Die Gemüsebrühe hineinfüllen und die Kartoffeln dazugeben. Die Hitze reduzieren und 25 Minuten sanft köcheln. Chilipulver unterrühren.

Zuletzt die Bohnen beifügen und nochmals aufkochen. Nach Bedarf salzen und heiß servieren.

Wintersalat

MIT WARMER VINAIGRETTE

Man braucht nicht auf Salat zu verzichten, weil es Winter ist. Viele nahrhafte Wintergerichte verlangen nach Beilagen aus knackigem frischem Gemüse. Statt der hier beschriebenen Vinaigrette kann man auch eine Salatsauce mit Heidelbeeressig verwenden (S. 106).

Für 4 – 6 Personen
Zubereitungszeit: 10 Minuten

2 Bund Brunnenkresse, gewaschen und geputzt
2 gekochte rote Bete, geschält und gehackt
2 dünne Zucchini, geraspelt
1 Bund Frühlingszwiebeln, geputzt und gehackt
2 EL gehackte Pekannüsse
½ EL grob gehackte Petersilie
6 EL Haselnußöl
2 gehäufte TL Dijon-Senf
1½ TL japanischer Reisessig

Brunnenkresse, rote Bete, Zucchini und Frühlingszwiebeln in einer großen Salatschale vemengen. Pekannüsse und Petersilie darüberstreuen.

Öl, Senf und Essig in einer kleinen Pfanne verrühren und vorsichtig erhitzen, bis die Mischung durch und durch warm ist. Dann über den Salat gießen und sofort servieren.

Phyllo-Teigpäckchen

MIT ARTISCHOCKENHERZEN UND ROQUEFORT

Man kann hier auch anderen Blauschimmelkäse verwenden, aber Roquefort paßt besonders gut zu den Artischocken. Die kleinen Päckchen eignen sich als Snacks oder Vorspeise. Sie lassen sich auch gut einfrieren.

Ergibt etwa 24 Stück
Zubereitungszeit: 25 Minuten
Garzeit: 45 Minuten

85 g Butter
8 Frühlingszwiebeln mit grünen Stengeln, gehackt
1 Dose (400 g) Artischockenherzen, abgetropft und feingehackt
2 EL Mehl
200 ml Milch
115 g Roquefort
500 g Phyllo-Teig oder Strudelteig
Sonnenblumenöl zum Ausbacken
Salz und Pfeffer

30 g Butter in einer Pfanne bei mäßiger Hitze schmelzen. Frühlingszwiebeln mit Stengeln hineingeben und 3 Minuten sanft dünsten. Artischockenherzen hinzufügen und leicht erhitzen.

Die Hitze verstärken, Mehl dazugeben und unter Rühren nach und nach die Milch dazugießen, bis eine glatte Sauce entsteht. Vom Herd nehmen und erkalten lassen.

Wenn die Sauce kalt ist, den Käse dazugeben und alles vermengen. Nach Belieben würzen. Die restliche Butter langsam in einer kleinen Pfanne schmelzen.

Den Teig – ein Blatt nach dem anderen – ausbreiten und mit der geschmol-

zenen Butter bestreichen (Phyllo-Teig trocknet rasch, deshalb bis zur letzten Minute verpackt lassen und ausgepackten Teig mit feuchtem Tuch bedecken). Jedes Blatt in 5–7 cm breite Streifen schneiden.

Einen gehäuften Teelöffel der Füllung auf das Ende jedes Streifens geben. Eine Ecke des Teigs nehmen und so über die Füllung klappen, daß es ein Dreieck ergibt. Das Dreieck wiederum über den Teigstreifen klappen und auf diese Weise fortfahren, bis das Ende des Streifens erreicht ist. Wenn nötig beschneiden.

Wenn die Füllung aufgebraucht ist, die Pakete in heißem Öl ausbacken. Gut abtropfen lassen und auf Küchenkrepp trocknen. Als Vorspeise oder zu Drinks servieren.

Wintersalat mit warmer Vinaigrette (links)
Phyllo-Teigpäckchen mit Artischockenherzen und Roquefort (rechts)

Hinweis: Vorsicht beim Salzen; Roquefort ist ein sehr salziger Käse.

Gebackene Zwiebeln

Für 6 Personen
Zubereitungszeit: 5 Minuten
Garzeit: 1 Stunde

6 große Zwiebeln
6 TL gehackte Haselnüsse
6 TL Nußöl
6 TL weicher brauner Zucker
6 TL Sojasauce

Den Ofen auf 200 °C (Gasherd Stufe 3-4) vorwärmen.

Die Zwiebeln nicht schälen, sondern nur leicht putzen und am Boden flachschneiden, damit sie auf dem Backblech stehen. Mit einem scharfen Messer kreuzweise tief einschneiden, etwa bis zur Mitte. Vorsichtig öffnen, ohne die Zwiebel auseinanderzubrechen.

Je einen Teelöffel Nüsse, Öl, Zucker und Sojasauce in die Öffnung jeder Zwiebel geben.

1 Stunde im Ofen backen; wenn nötig 1-2 Eßlöffel Wasser aufs Backblech geben.

Broccoli

MIT GERÖSTETEN MEERESALGEN

Das Meeresgemüse Rotalgen (S. 21) zu probieren lohnt sich. Getrocknet ist es in Naturkostläden erhältlich. Es ist stark jod- und mineralienhaltig und ist, geröstet, herrlich knusprig.

Für 6-8 Personen als Beilage oder
für 4 Personen als Hauptgang
Zubereitungszeit: 10 Minuten
Garzeit: etwa 15 Minuten

50 g getrocknete Rotalgen
900 g Broccoli, geputzt und zerteilt
50 g Butter
Salz
Frisch gemahlener schwarzer Pfeffer

Den Ofen auf 200 °C (Gasherd Stufe 3-4) vorheizen.

Die Algen 10-15 Minuten in einer feuerfesten Keramikform im Ofen rösten, bis sie knusprig sind.

Die Broccolistücke in einen großen Topf siedenden Wassers geben und 5 Minuten kochen. Vom Feuer nehmen, solange sie noch knackig sind, gut abtropfen lassen und in der zerlassenen Butter mit Salz und Pfeffer schwenken.

Broccoli in eine vorgewärmte Servierschüssel geben, Rotalgen darüber zerkrümeln und sofort servieren.

Käsekartoffeln

Für die Füllung der Kartoffeln ist in diesem Rezept Knoblauch-Frischkäse vorgesehen, man kann aber auch irgendeinen anderen Käse verwenden.

Für 6 Personen
Zubereitungszeit: 15 Minuten
Garzeit: 1½ Stunden

6 große Kartoffeln
1 Päckchen (142 g) Knoblauchkäse (oder irgendein besonders bevorzugter Käse)
1 EL Olivenöl
1 EL Steinsalz

Den Ofen auf 190 °C (Gasherd Stufe 3) vorwärmen.

Die Kartoffeln gründlich säubern. Mit einem Apfelentkerner ein Stück aus der Mitte jeder Kartoffel herausholen, falls nötig, beidseitig bohren. Die herausgeholten Kartoffelstückchen beiseite legen.

In die Hohlräume Knoblauchkäse füllen und sie mit Teilen der aufbewahrten Kartoffelstücke wieder schließen.

Die so gefüllten Kartoffeln mit Olivenöl bepinseln und mit Steinsalz bestreuen. 1½ Stunden backen und sofort servieren.

Gebackener Kürbis

MIT PASTINAKEN, KAROTTEN UND KARTOFFELN

Dieses Gericht schmeckt auch gut mit geriebenem Käse - besonders mit frischem Parmesan.

Für 4-6 Personen
Zubereitungszeit: 10 Minuten
Garzeit: 1 Stunde

6 Karotten
6 Kartoffeln
6 Pastinaken
1 großer grüner Gemüsekürbis von 1-1½ kg
1 TL Muskatnuß, frisch gerieben
100 g Butter
Salz und Pfeffer

Den Ofen auf 190 °C (Gasherd Stufe 3) vorwärmen.

Karotten, Kartoffeln und Pastinaken putzen und in Scheiben schneiden. 5-6 Minuten blanchieren. Gut abtropfen lassen und beiseite legen.

Den Kürbis längs halbieren und die Kerne entfernen. In beide Höhlungen Kartoffeln, Karotten und Pastinaken legen. Mit Muskatnuß, Salz und Pfeffer bestreuen. Butterflöckchen darauf verteilen, mit Alufolie bedecken und 50 Minuten backen.

NÜSSE

Mexikanische Brötchen

MIT WALNUSS-OLIVEN-SAUCE

Diese spindelförmigen Brötchen werden in ganz Mexiko zum Tag der Toten zu Hause gegessen und auf der Straße verkauft. Man legt sie auch als Gabe auf die Gräber verstorbener Freunde und Verwandter, für die Geister, wenn sie zu dieser Zeit erscheinen.

Ergibt 18 Stück
Zubereitungszeit: 20 Minuten
(3 Stunden im voraus)
Backzeit: 25 Minuten,
plus Zeit zum Abkühlen

8 g Trockenhefe oder 15 g Frischhefe
450 ml lauwarmes Wasser
30 g Margarine zum Einfetten
550 g Weizenmehl, gesiebt
2 EL ungebleichtes Vollkornmehl
1½ TL feines Meersalz
Feingemahlener schwarzer Pfeffer

Für die Sauce:
3 EL Olivenöl
4 Zwiebeln, geschält und in Scheiben geschnitten
4 große Tomaten, grobgehackt
½ – 1 TL Chilipulver
3 EL Tapenade (schwarze Olivenpaste)
3 TL frische Walnüsse, gemahlen
Salz und Pfeffer

Die Hefe in eine kleine Schale geben und 150 ml lauwarmes Wasser dazufügen. Verrühren und an einen warmen Ort stellen.

Eine große Teigschüssel mit der Margarine ausstreichen und die beiden Mehlsorten hineinfüllen. Das restliche lauwarme Wasser mit dem Salz in die Hefemischung rühren und alles gründlich vermengen. Nach und nach zum Mehl geben und mit den Händen verkneten. Der Teig sollte sich jetzt von den Wänden der Schüssel lösen und leicht klebrig sein.

Den Teig auf eine bemehlte Fläche legen und kneten, bis er sich leicht ausbreiten läßt und glatt und geschmeidig ist. Den Teig wieder in die gefettete Schüssel legen, mit einem feuchten Tuch bedecken und etwa 2 Stunden bei Zimmertemperatur aufgehen lassen, bis sich sein Volumen fast verdoppelt hat.

Die Luft aus dem Teig pressen und etwa 2 Minuten lang kneten. Zugedeckt nochmals 1 Stunde gehen lassen. (Dieser Brotteig geht langsam und muß deshalb so lange stehen.)

Den Ofen auf 200 °C (Gasherd Stufe 3–4) vorwärmen und ein Backblech einfetten. Den Teig nochmals 5 Minuten kneten, dann halbieren. Jedes Stück zu einem etwa 50 x 15 cm großen Streifen ausrollen. Beide Streifen längs einrollen und jede Rolle in 9 Stücke schneiden. Die Spindelform ergibt sich dadurch, daß man ein Ende flachdrückt und spitz formt.

Auf ein Backblech legen, mit Wasser bepinseln, Pfeffer darüberstreuen und dann 20–25 Minuten goldbraun backen. Auf einem Drahtgitter abkühlen lassen.

Unterdessen die Sauce zubereiten: Öl in einer schweren Pfanne erhitzen und die Zwiebeln darin glasig dünsten. Die Tomaten dazugeben und rühren, bis sie weich sind. Nach Belieben mit Chilipulver, Salz und Pfeffer würzen und 10 Minuten köcheln. Dann Tapenade und Walnüsse hineinrühren.

Ganz heiß als Dip zu den warmen Brötchen servieren.

Statt Walnüssen kann man für die Sauce auch Pinienkerne oder Pekannüsse verwenden.

Gebackene Cashewnüsse

Für 6 Personen
Zubereitungszeit: 5 Minuten
Garzeit: 5 Minuten

450 g rohe Cashewnüsse
½ TL feines Meersalz
Sonnenblumenöl oder Maiskeimöl zum Ausbacken
Frisch gemahlener schwarzer Pfeffer (nach Belieben)

Eine tiefe, schwere Bratpfanne von 20 cm Durchmesser auf mäßiger Hitze erwärmen. Öl 2,5 cm hoch hineingießen und heiß werden lassen.

In das heiße Öl die Hälfte der Nüsse hineingeben und rühren, bis sie goldbraun sind.

Mit einem Schaumlöffel aus der Pfanne nehmen und in einem Metallsieb über einer Schale abtropfen lassen. Das aufgefangene Öl in die Pfanne zurückgeben und die restlichen Nüsse darin ausbacken.

Alle Nüsse auf Küchenkrepp legen und mit Salz und eventuell etwas Pfeffer bestreuen. Warm servieren.

Hinweis: Das Öl kann, wenn es völlig erkaltet ist, gefiltert und in einem luftdicht verschlossenen Schraubdeckelgefäß im Kühlschrank aufbewahrt werden. Mehrmaliges Verwenden verbessert den Geschmack der Nüsse. Aber mehr als viermal sollte man das Öl nicht benutzen.

Nußpastete

MIT GEMÜSE- UND KRÄUTER-FÜLLUNG

Eine knusprige Krustade dient als Teighülle für diese Pastete. Krustaden werden aus verschiedenen Teigsorten, oft auch aus Nüssen hergestellt. Sie bilden eine willkommene Abwechslung zu herkömmlichen Pasteten und eignen sich für verschiedene Füllungen.

Für 6 Personen
Zubereitungszeit: 10 Minuten
Garzeit: 30 Minuten

60 g Butter, in kleine Stücke geschnitten
120 g Mandeln, gemahlen
60 g weiche Schwarzbrotkrumen
60 g weiche Weißbrotkrumen
50 g Mandelblättchen
50 g Pinienkerne
50 g Haselnüsse
½ TL Provence-Kräuter
2 Knoblauchzehen, zerdrückt
Parmesan, frisch gerieben

Für die Füllung:
60 g Butter
2 Zwiebeln, geschält und in Scheiben geschnitten
6 Tomaten, blanchiert, enthäutet, entkernt und in Scheiben geschnitten
230 g Egerlingköpfe, gewaschen und in Scheiben geschnitten
2 EL ungebleichtes Vollkornmehl
150 ml Milch
150 ml Sahne
1½ EL frisches Koriandergrün, gehackt
1 EL frische Petersilie, gehackt
Salz und Pfeffer

Den Ofen auf 230 °C (Gasherd Stufe 5) vorwärmen und eine etwa 20 cm lange ofenfeste Keramikform einfetten.

Butter, gemahlene Mandeln und Brotkrumen vermischen. Die anderen Nüsse, Kräuter und Knoblauch dazugeben und gründlich verkneten.

Die Keramikform mit der Krustade auslegen, indem man die Masse fest hineinpreßt. Sie sollte etwa 1 cm dick sein. 15 - 20 Minuten goldbraun backen.

In der Zwischenzeit die Füllung zubereiten: Butter bei mäßiger Hitze in einer Pfanne schmelzen und Zwiebeln und Tomaten darin sautieren, bis sie weich sind. Die Pilze dazufügen und nochmals 3 Minuten sautieren.

Mehl dazugeben, etwa 4 Minuten rühren, dann die Hitze reduzieren und nach und nach Milch und Sahne, miteinander vermischt, hineingeben. Kochen, bis die Sauce dick wird, dann Petersilie und Koriandergrün dazugeben und die Sauce abschmecken.

Wenn die Krustade fertig ist, die Ofentemperatur auf 250 °C (Gasherd Stufe 6) erhöhen. Die Füllung löffelweise in die Krustade geben und nochmals 5 Minuten backen. Kurz vor dem Servieren frisch geriebenen Parmesan darüberstreuen.

Nußpastete (rechte Seite links)
Gebackene Cashewnüsse (rechte Seite rechts)

In Karamel getauchte Früchte und Nüsse

Zubereitungszeit: 20 Minuten
Garzeit: 20 Minuten,
plus Zeit zum Abkühlen

Clementinen
Kleine Ananas, geschält,
in Scheiben geschnitten
Paranüsse
Haselnüsse, Macadamia-Nüsse
Kapstachelbeeren (Physalis)
Erdbeeren
Sternfrüchte (Karambola)
Kernlose Trauben
425 g grober Zucker
150 ml Quell- oder gefiltertes
Leitungswasser
Kandierter Ingwer, feingehackt
(nach Belieben)
Haselnüsse oder Mandeln, feingehackt
(nach Belieben)

Die Clementinen schälen und zerteilen, dabei die Haut nicht beschädigen. Von den Ananasscheiben die harte Mitte entfernen und sie in mundgerechte Stücke schneiden, die Sternfrüchte in Scheiben schneiden und diese vierteln. Jede Nuß und jedes Stück Frucht mit einem Cocktail-Spießchen durchbohren. Ein Backblech einölen.

Zucker und Wasser in einer schweren Pfanne auf mäßiger Hitze erwärmen. Ständig rühren, bis der Zucker vollständig aufgelöst ist. Erst dann lebhaft kochen lassen, unbedeckt und ohne zu rühren, bis der Sirup goldbraun wird.

Die Pfanne vom Herd nehmen. Testen, indem man einen Teelöffel Sirup in kaltes Wasser gießt. Der Sirup sollte sofort hart werden. Ist das nicht der Fall, noch ein paar Minuten kochen lassen und nochmals testen.

Wenn der Sirup fertig ist, die Pfanne vom Herd nehmen und die Nüsse und Früchte einzeln hineintauchen. Überschüssigen Sirup in die Pfanne abtropfen lassen. Mit kandiertem Ingwer oder mit Nüssen bestreuen (oder darin wälzen). Auf dem eingeölten Backblech erkalten lassen. Nicht in den Kühlschrank stellen, da der Karamel bei Kälte anläuft.

REGENTROPFEN AUF KAMELIEN
Blüten sind ein prachtvoller, wenn auch kurzlebiger Anblick.

FLEISCH UND WILD

Schinken in Blätterteig

Eine Alternative zum herkömmlichen Schinken in Brotteig. In Italien wird diese festliche Mahlzeit mit Senffrüchten serviert.

Für 8–20 Personen
Einlegen: 3 Stunden
Zubereitungszeit: 2½ Stunden
(24 Stunden im voraus)
Garzeit: 40 Minuten

1 Schinken mit Bein von 2½–3 kg
2 große Karotten, geschält
und in grobe Stücke geschnitten
2 große Zwiebeln, geschält und geviertelt
2 Stangen Sellerie
6 ganze Gewürznelken
2,2 l Gemüsebrühe
750 ml trockener Weißwein
115 g Dijon-Senf
675 g Blätterteig
1 Ei, verquirlt
50 g Butter
50 g Mehl
Salz und Pfeffer

Den Schinken 3 Stunden, völlig bedeckt, in einen Topf mit kaltem Wasser legen. Dann das Wasser abgießen und Gemüse, Gewürznelken, gut 1½ Liter Gemüsebrühe und den Wein zum Schinken geben.

Kurz bevor die Flüssigkeit kocht, zudecken, die Hitze reduzieren und 2 Stunden köcheln lassen. Vom Herd nehmen und den Schinken, ganz von der Brühe bedeckt, erkalten lassen.

Den Ofen auf 225 °C (Gasherd Stufe 5) vorwärmen. Den Schinken abtropfen lassen, alles Fett abschneiden und den Schinken mit Dijon-Senf bestreichen.

Auf einer kühlen Fläche den Blätterteig auf etwa 6 mm Dicke ausrollen und den Schinken ganz hineinwickeln.

Die Teigkanten mit verquirltem Ei bestreichen und fest zusammendrükken. Dann den ganzen Teig mit Ei bestreichen. Nach Belieben mit Blättern oder Blumen, aus Teig geformt, dekorieren und diese auch mit Ei bestreichen.

Auf einem leicht befeuchteten Backblech in der Mitte des Ofens 40 Minuten backen.

In der Zwischenzeit die Sauce zubereiten. Die Butter in einem kleinen Topf schmelzen, Mehl hinzugeben und anschwitzen, dann nach und nach mit der restlichen Gemüsebrühe ablöschen. Nach Belieben noch Brühe, in der der Schinken gekocht wurde, durchpassiert, hinzufügen. Aufwallen lassen, ein paar Minuten köcheln und abschmecken.

Den Schinken in dicken Scheiben servieren, die Sauce extra reichen.

Gekochter Bacon

MIT KRÄUTERKNÖDELN

Ein besonders nahrhaftes und gehaltvolles Wintergericht.

Für 6 Personen
Zubereitungszeit: 10 Minuten
(24 Stunden im voraus)
Garzeit: 1 Stunde

1,8 kg Bacon
(ersatzweise Frühstücksspeck am Stück)
1 große Karotte, geschält und gehackt
2 Stangen Sellerie, geputzt und gehackt
1 große Zwiebel, geschält und gehackt
2 EL Cidre-Essig
Salz und Pfeffer

Für die Knödel:
115 g Mehl, gemischt mit 1 gestrichenen
TL Backpulver
½ TL Salz
50 g Nierenfett, kleingeschnitten
¼ EL gemischte, getrocknete Kräuter

Bacon mit kaltem Wasser bedecken und über Nacht stehenlassen.

Für die Knödel: Alle Zutaten in einer Schüssel gut vermengen. Mit möglichst wenig kaltem Wasser, tropfenweise hineingeträufelt und mit einer Gabel untergemischt, einen festen Teig machen.

Mit den Händen den Teig so rasch wie möglich zu 12 gleich großen Kugeln formen. Zudecken und im Kühlschrank aufbewahren. Den Bacon abgießen, in einen Topf legen und mit frischem kaltem Wasser bedecken. Gemüse und Cidre-Essig zufügen, dann vorsichtig zum Kochen bringen.

Die Hitze reduzieren und das Gericht 1 Stunde leicht köcheln. Das Fleisch muß während des Köchelns ganz mit Wasser bedeckt sein. 15 Minuten vor Ende der Kochzeit die Knödel dazugeben.

Wenn die Kochzeit beendet ist, Knödel und Bacon aus dem Wasser nehmen und auf eine vorgewärmte Servierplatte legen. Das Gemüse durch ein Sieb passieren und, mit etwas Brühe verrührt, als Sauce reichen. Vorsichtig würzen (der Bacon enthält noch immer eine Menge Salz). Das Gericht mit gekochten Kartoffeln und viel knackigem Kohl servieren.

SCHLEHEN-GIN *(oben)*
Vermutlich stammt dieses klassische englische Getränk aus dem 18. Jahrhundert, als in England Gin sehr beliebt war. Es wird im Herbst aus tiefblauen Schlehen hergestellt (S. 78) und ist etwa drei Monate später trinkfertig. Besser ist es aber, man läßt den Schlehen-Gin bis zu einem Jahr reifen. Er wird auch gerne in der Küche verwendet, zu Gerichten wie den Schweinemedaillons mit Schlehen-Gin (übernächste Seite).

EIS UND SCHNEE *(rechts)*
Bei eisigem Wetter freut man sich besonders auf gesellige Stunden am Kamin.

Schweinemedaillons

MIT SCHLEHEN-GIN

Dies ist eine köstliche Art, den im Herbst angesetzten Schlehen-Gin (S. 78) zu verwenden. Wilder und brauner Reis mit Orangen und Kräutern eignet sich perfekt als Beilage (rechts).

Für 6 Personen
Zubereitungszeit: 10 Minuten
Garzeit: etwa 30 Minuten

50 g Butter
2 EL Olivenöl
Gut 1 kg Schweinelende, pariert und in 1 cm dicke Scheiben geschnitten
125 ml Schlehen-Gin
30 g weicher brauner Zucker
120 g Schlehen aus dem Gin (oder Rosinen oder entkernte Zwetschgen, geviertelt)
Salz und Pfeffer

Butter und Öl in einer großen Pfanne oder ofenfesten Kasserolle auf mäßiger Hitze erwärmen. Die Lendenschnitten darin beidseitig anbraten.

Auf einer vorgewärmten Servierplatte warm halten.

Die Hälfte des Schlehen-Gins zu dem Bratensaft in die Pfanne gießen. Auf mäßiger Hitze verrühren und dabei den Satz ganz lösen.

Unter ständigem Rühren den Zucker und den restlichen Schlehen-Gin dazugeben. Weiterrühren, bis eine sirupähnliche Konsistenz erreicht ist. Das Fleisch mit dem Fleischsaft zurück in die Pfanne geben. Die Schlehen (Rosinen oder Zwetschgen) hinzufügen. Abschmecken.

Zudecken und nach Belieben 5–10 Minuten auf niedriger Hitze garen. Einen Ring aus dem gemischten Reis (s. rechts) formen und das Schweinefleisch in die Mitte legen.

Wilder und brauner Reis

MIT ORANGEN UND KRÄUTERN

Für 6 Personen
Zubereitungszeit: 5 Minuten
Garzeit: 30 Minuten

200 g wilder Reis, gewaschen
200 g brauner Langkornreis, gewaschen
Schale von 2 unbehandelten Orangen oder Tangerinen
12 frische Salbeiblätter
1 frischer Rosmarinzweig
½ EL Butter oder Olivenöl
2 Salbeizweige (zum Garnieren)
Salz und Pfeffer

Den wilden Reis in reichlich leicht gesalzenem Wasser 20 Minuten kochen. Die Hitze reduzieren und den braunen Reis hinzufügen, wenn nötig mit noch mehr heißem Wasser, und weitere 20 Minuten kochen.

Unterdessen die Orangenschale in kleine Streifen (Julienne-Streifen) schneiden und in einer Schüssel mit kochendem Wasser übergießen. 5 Minuten stehenlassen, abgießen und trockentupfen.

Die Salbeiblätter aufeinanderlegen und mit einer Schere in Streifen schneiden. Die Rosmarinblätter von den Stengeln streifen und mit den Salbeiblättern mischen.

Den Reis gut abtropfen lassen und unter heißem fließendem Wasser spülen. Vorsichtig die in Butter oder Öl gewendeten Kräuter und die Orangenschale untermischen. Abschmecken und mit Salbeizweigen garnieren.

Wild-Fondue

MIT WACHOLDERBEEREN

Fondues haben den Vorteil, daß die Gäste sich schneller kennenlernen und das Kochen weitgehend selbst besorgen. Wild-Fondue ist etwas besonders Attraktives. Nach diesem Rezept gehört eine ungewöhnliche Wacholderbeer-Sauce dazu. Man kann auch anderes Fleisch, zum Beispiel Rumpsteak, verwenden.

Für 6 Personen
Zubereitungszeit: 10 Minuten
Garzeit: 10 Minuten (für die Sauce)

900 g zartes Wildfilet, in 3–4 cm große Würfel geschnitten
450 ml Pflanzenöl (gute Qualität)
150 ml Olivenöl
3 ganze Thymianzweige
8 frische oder getrocknete Wacholderbeeren

Für die Sauce:
100 g Butter
100 g (1 mittelgroße) rote Zwiebel, gewürfelt
2 Knoblauchzehen, gehackt
12 frische oder getrocknete Wacholderbeeren
2 EL Zitronensaft
Salz und Pfeffer

Die beiden Ölsorten in einem Fonduetopf mischen und die Thymianzweige und Wacholderbeeren ein paar Stunden darin ziehen lassen.

Das Fleisch auf einer Platte anrichten. 5 Minuten stehenlassen.

Thymian und Wacholder aus dem Öl nehmen. Das Öl auf 170 °C erhitzen und auf einem Rechaud auf dieser Temperatur halten.

Für die Sauce legt man die getrockneten Wacholderbeeren zuerst in heißem Wasser ein, bis sie aufquellen, und kocht sie dann in siedendem

Wasser weich. Die Wacholderbeeren zerdrücken und mit Butter, Zwiebel und Knoblauch in eine Pfanne geben. Sanft dünsten, bis alles weich ist, dann Zitronensaft hineingeben und nach Belieben würzen. In eine kleine vorgewärmte Schale füllen.

Die Gäste spießen die Wildstücke auf eine Fonduegabel oder ein Bambus-Spießchen, braten sie im Öl und tauchen sie in die Wacholderbeersauce.

Fasanenbrüstchen

MIT FRISCHEN PREISELBEEREN

Preiselbeeren schmecken ausgezeichnet zu Fasan.

Für 6 Personen
Zubereitungszeit: 5 Minuten
(24 Stunden in voraus)
Garzeit: 30 Minuten

130 g frische Preiselbeeren
4 EL trockener Sherry
20 g extrafeiner Zucker
100 g Butter
12 zarte Brüstchen von jungen Fasanen
Salz und Pfeffer

Die Preiselbeeren über Nacht in Sherry einlegen. Herausnehmen, den Sherry aufbewahren und die Preiselbeeren in etwas Wasser mit Zucker weich kochen.

Die Butter langsam in einer schweren Pfanne schmelzen, das Fleisch hineinlegen und die Hitze auf mittlere Stufe erhöhen. Die Brüstchen in der Butter wenden und gleichmäßig auf allen Seiten bräunen, insgesamt etwa 5 Minuten, daß sie schön zart und innen rosa sind.

Auf eine vorgewärmte Servierplatte legen. Die Pfanne stärker erhitzen und die Preiselbeeren hineingeben. Den Sherry dazugießen, kurz aufwallen lassen, abschmecken und zum Servieren über das Fleisch gießen.

Schweinemedaillons mit Schlehen-Gin, wildem und braunem Reis, Orangen und Kräutern

DESSERTS

Fruchtroulade mit Quitten, Maulbeeren und Äpfeln

Für 6 Personen
Zubereitungszeit: 30 Minuten
Garzeit: 2 Stunden

½ TL gemahlener Piment
½ TL Zimt
½ TL feines Meersalz
230 g ungebleichtes Mehl, mit ½ TL Backpulver gemischt
120 g Nierenfett, feingeschnitten
60 g Äpfel, geschält, entkernt und in kleine Stücke geschnitten
60 g Quitten, geschält, entkernt und in kleine Stücke geschnitten
60 g Maulbeeren (oder Brombeeren), gewaschen und trockengetupft
Abgeriebene Schale von 1 unbehandelten Zitrone
Abgeriebene Schale von 1 unbehandelten Orange
20 g weicher brauner Zucker
50 g ungeschwefelte Korinthen
4 EL Zuckerrübensirup

Wasser in einem sehr großen Topf zum Sieden bringen.

Gewürze und Mehl in eine große Teigschüssel geben. Nierenfett hineinrühren und gut vermengen. Nach und nach kaltes Wasser hineingeben, bis ein fester Teig entsteht.

Den Teig auf eine kalte, leicht bemehlte Fläche legen und zu einem etwa 6 mm dicken Rechteck ausrollen.

Die vorbereiteten frischen Früchte über den Teig verteilen, dabei an den Rändern 2,5 cm frei lassen. Zitrusschalen, Zucker und Korinthen darüberstreuen und mit Sirup beträufeln.

Den Teig aufrollen und in ein bemehltes Leinentuch wickeln. Die Rolle an beiden Enden zubinden und in der Mitte sorgfältig mit einem Band umwickeln. Die Rolle in das siedende Wasser legen und 2 Stunden köcheln lassen. Wenn nötig Wasser nachfüllen.

Die Rolle vorsichtig aus dem Wasser nehmen, auswickeln und auf eine warme Servierplatte legen.

Mit Vanillepudding servieren. Eine etwas altmodische, kalorienreiche, aber köstliche Nachspeise.

Glasierte Trauben

Man kann die Trauben, 2–3 Stunden bevor man sie serviert, glasieren. Sie sollten dann aber nicht im Kühlschrank oder in feuchter Luft liegen. Man braucht ein paar Cocktail-Spießchen, um die Trauben festzuhalten.

Für 8 Personen
Zubereitungszeit: 15 Minuten

120 g rote kernlose Trauben
120 g blaue kernlose Trauben
120 g weiße kernlose Trauben
350 g grober Zucker
6 EL Quellwasser
100 g extrafeiner Zucker

Die Trauben gründlich waschen und trocknen.

Groben Zucker und Wasser in einer schweren Pfanne auf mäßiger Hitze verrühren, bis sich der Zucker vollständig aufgelöst hat.

Die Hitze verstärken und die Zuckerlösung zu einem Sirup verkochen, der dick genug ist, die Rückseite eines Löffels zu überziehen. Wer ein Kochthermometer benutzt, sollte die Temperatur auf 143 °C bringen. Vom Herd nehmen und im Wasserbad warm halten.

Schnell einige Trauben mit Cocktail-Spießchen durchbohren und in den Sirup tauchen, dann über einer Schüssel mit extrafeinem Zucker bestäuben.

Schokoladencreme

MIT HONIGWABE

Für 4–6 Personen
Zubereitungszeit: 10 Minuten
(24 Stunden im voraus)

350 g bittere Schokolade (sehr gute Qualität)
⅛ l Quellwasser ohne Kohlensäure
85 g Butter
115 g Honigwabe
225 ml Crème double, leicht geschlagen
2 EL Rum

Die Schokolade mit dem Wasser im Wasserbad bei mäßiger Hitze schmelzen. Wenn sie glatt und flüssig ist, vom Herd nehmen und etwas abkühlen lassen.

Die Butter vorsichtig unterrühren, dann die Honigwabe in großen Stücken hineinbröckeln. Den Rum dazugeben und zum Schluß die Sahne gut unterziehen. In eine Form füllen und gefrieren.

2 Stunden vor dem Servieren aus dem Gefrierfach nehmen und bei Zimmertemperatur stehenlassen.

Mandelplätzchen und Katzenzungen (S. 82 und 29) dazu reichen.

Pfefferkuchen-Körbchen

MIT ANGELIKA-CREME

Für 8 Personen
Zubereitungszeit: 20 Minuten
Garzeit: 5 Minuten,
plus Zeit zum Abkühlen und Füllen

3½ EL Zuckerrübensirup
100 g Butter
100 g brauner Zucker
100 g Mehl
3 TL gemahlener Ingwer

Für die Angelika-Creme:
100 g kandierte Angelika
(Engelwurz, s. rechts)
1½ EL Malzextrakt (S. 24)
50 ml Crème double,
halbsteif geschlagen

Den Ofen auf 190 °C (Gasherd Stufe 3) vorwärmen und ein Backblech leicht einölen.

Sirup, Butter und Zucker in einer schweren Pfanne erhitzen, dabei ständig rühren. Die Mischung darf nicht kochen, aber die Butter muß restlos geschmolzen sein.

Die Pfanne vom Herd nehmen und Mehl und Ingwer, miteinander vermischt, hineinrühren.

Gehäufte Teelöffel dieses Teigs auf das vorbereitete Backblech verteilen und Abstand lassen, weil sich der Teig ausbreitet. Etwa 5 Minuten backen, bis der Teig goldbraun ist.

Das Blech aus dem Ofen nehmen und kurz abkühlen lassen, ehe die Pfefferkuchen mit einem Kuchenheber vom Blech genommen werden. Umgedrehte Schälchen oder Mokkatassen bereitstellen und die Pfefferkuchen darüber zu Körbchen formen, solange sie noch weich sind. Erkalten lassen.

Für die Füllung die gehackte Angelika und das Malz unter die Crème double ziehen und gut vermischen. Zum Servieren in die Körbchen füllen.

Herz-Meringen

MIT FRUCHTFÜLLUNG

Ergibt 8 Stück
Zubereitungszeit: 20 Minuten
Backzeit: 1¼ Stunden,
plus Zeit zum Abkühlen

4 Eiweiß
½ TL Weinstein
225 g extrafeiner Zucker
60 g Haselnüsse, gehackt
30 g Walnüsse, gehackt
300 ml Crème double
150 ml Crème fraîche (nach Belieben)
1 Sternfrucht (Karambola)
2 Kiwi-Früchte
16 schwarze Kirschen, entsteint
16 frische Erdbeeren
8 ganze Haselnüsse
8 frische Minzeblätter

Den Ofen auf 130 °C (Gasherd niedrigste Stufe) vorheizen.

Auf Backpergament 16 gleiche, etwa 8 cm große Herzen zeichnen.

Eiweiß und Weinstein zusammen sehr steif schlagen. Nach und nach unter ständigem Schlagen den Zucker dazugeben. Die gehackten Nüsse mit einem Metallöffel vorsichtig unterziehen.

Die Masse in einen Spritzbeutel mit einer 1 cm großen sternförmigen Tülle füllen. Einen Streifen Meringenmasse entlang der Ränder von acht Papierherzen spritzen. Die übrigen Herzen vollständig mit der Masse bedecken.

Die Meringen 1 Stunde backen – die ausgefüllten Herzen auf der obersten Schiene, die Herzränder auf der mittleren Schiene des Ofens. Aus dem Ofen nehmen und abkühlen lassen, dann vorsichtig vom Papier lösen.

Für die Füllung die Crème double vorsichtig mit der Crème fraîche (falls gewünscht) mischen. Die Mischung steif schlagen und auf die ganzen Meringen streichen, die Ränder darauf legen und die Herzen mit ganzen, halbierten und in Scheiben geschnittenen Früchten füllen.

Mit Haselnüssen und Minze garnieren und servieren.

Kandierte Angelika

Sie ist zwar in guten Delikateßgeschäften erhältlich, läßt sich aber leicht herstellen und schmeckt selbstgemacht auch ganz anders.

Zubereitungszeit: 10 Minuten
(2 Tage im voraus)

Zu gleichen Teilen:
Stengel von Angelika (Engelwurz)
Zucker
Extrafeiner Zucker

Junge Engelwurz-Stengel in gleich lange Stücke schneiden und in Wasser kochen, bis sie zart sind. Aus dem Wasser nehmen und leicht abkühlen lassen. Die äußere Haut abschälen, die Stengel ins Wasser zurücklegen und köcheln, bis sie grün werden. Abtropfen und trocknen lassen. Die Stengel abwiegen, in eine Tonschale legen und die gleiche Menge Zucker darüberstreuen (das Gewicht notieren). 2 Tage stehenlassen.

Nach Ablauf dieser Zeit die Mischung aus Engelwurz und Zucker kochen, bis sie wieder klar und grün ist, und in einem Sieb abtropfen lassen.

Die Angelika-Stücke auf Teller legen, extrafeinen Zucker (Gewicht wie notiert) darüberstreuen und gut trocknen lassen.

Herz-Meringen mit Fruchtfüllung, Pfefferkuchen-Körbchen mit Angelika-Creme, Karameläpfel (S. 108), *Karamelfrüchte und -nüsse* (S. 118)
(folgende Seiten von links nach rechts)

Register